COACHING
Passo a Passo

Luiz Augusto Paiva
Jairo Mancilha
John Richards

COACHING
Passo a Passo

2ª Reimpressão

QUALITYMARK

Copyright© 2014 by Luiz Augusto Paiva, Jairo Mancilha e John Richards

Todos os direitos desta edição reservados à Qualitymark Editora Ltda.
É proibida a duplicação ou reprodução deste volume, ou parte do mesmo, sob qualquer meio, sem autorização expressa da Editora.

Direção Editorial	Produção Editorial
SAIDUL RAHMAN MAHOMED editor@qualitymark.com.br	EQUIPE QUALITYMARK

Capa	Editoração Eletrônica
EQUIPE QUALITYMARK	ARAUJO EDITORAÇÃO

1ª Edição: **2011**
1ª Reimpressão: **2012**
2ª Reimpressão: **2014**

CIP-BRASIL. CATALOGAÇÃO NA PUBLICAÇÃO
SINDICATO NACIONAL DOS EDITORES DE LIVROS, RJ

P166c

Paiva, Luiz Augusto
Coaching : passo a passo / Luiz Augusto Paiva, Jairo Mancilha e John Richards. — Rio de Janeiro : Qualitymark Editora, 2014.
152 p. ; 23 cm.

Inclui bibliografia
ISBN 978-85-7303-861-3

1. Assessoria pessoal. 2. Assessoria empresarial. 3. Motivação (Psicologia). 4. Executivos - Treinamento. I. Mancilha, Jairo. II. Richards, John. III. Título.

11-4393   CDD: 658.3124
                                                                                   CDU: 658.310.84

2014
IMPRESSO NO BRASIL

Qualitymark Editora Ltda.	QualityPhone: 0800-0263311
Rua Teixeira Júnior, 441 – São Cristovão	www.qualitymark.com.br
20921-405 – Rio de Janeiro – RJ	E-mail: quality@qualitymark.com.br
Tel.: (21) 3295-9800	Fax: (21) 3295-9824

Dedicatória

Aos meus pais, Luiz e Marly,
sempre tão presentes na minha vida.

Luiz Augusto Paiva

Dedicatória

Aos meus pais, Luiz e Marly,
sempre tão presentes na minha vida.

Luiz Augusto Paiva

Prefácio

A essência do coaching é apoiar o cliente a definir com clareza suas metas e desenvolver a competência para alcançá-las e, durante o processo, aumentar seu nível de consciência e a responsabilidade pela sua própria vida.

O coaching tem mais a ver com "ensinar a pescar do que dar o peixe". O coach evoca do cliente respostas e ações, em vez de aconselhá-lo ou escolher por ele.

Os contextos do coaching são vários, os mais habituais são Coaching de Vida e Coaching Executivo, também denominado Coaching de Negócios ou Empresarial. Embora os contextos variem, o processo é muito semelhante, onde criar uma relação de confiança e empatia, saber fazer perguntas poderosas e ouvir bem ocupam um lugar central.

Coaching Passo a Passo apresenta didaticamente o processo de Coaching focando nos passos ou fases mais importantes. Naturalmente, o livro será útil tanto para iniciantes na área do coaching, como para coaches experientes, que encontrarão dicas e abordagens que vão enriquecer o seu trabalho.

O leitor tem opção de ir direto ao ponto e focar apenas no processo e nos passos essenciais do coaching, ou também atentar para dicas, ferramentas e informações complementares.

Sumário

Introdução 1

PARTE I – CONCEITOS

Capítulo 1
O que é Coaching 7
    O Surgimento 7
    A Metodologia de Coaching 8
    Base de Conhecimentos 9
    Âmbitos do Coaching 11
    O que é Coaching e o que não é 12
    Distinções entre Coaching, Consultoria e Terapia 13
    Contextos 14
    Nas Empresas 15
    Líder Coach 16

Capítulo 2
O Coach 19
    Habilidades Fundamentais 19
    As Competências 20
    Padrões de Ética da ICF 22
    O Estado Mental Ideal para o Coaching 22
    Pressupostos Fundamentais 24
    Modelo Aprendiz-Julgador 25
    Modelo da Escada da Inferência 27

Capítulo 3
O Cliente 31
    Sete Aspectos Importantes sobre os Clientes 31
    Seis Perguntas para Clientes em Potencial 34

PARTE II – O PROCESSO

Capítulo 4
1º Passo: AVALIAÇÃO DA SITUAÇÃO ATUAL 37
   A Primeira Sessão 37
   Objetivos 38
   Abordagens 39
   Dicas 39
   Habilidades 41
      Foco na Consciência 41
      Criar Rapport e Relacionamento 42
   Ferramentas 55
      Os Quatro Quadrantes da Janela de Johari 55
      Roda da Vida 57
   Exercício da Escuta Profunda 60

Capítulo 5
2º Passo: *BRAINSTORM* DE ALTERNATIVAS 63
   Objetivos 63
   Abordagens 65
   Dicas 66
   Habilidades 67
      Fazer Perguntas com Criatividade 67
      Técnicas de Questionamento 69
   Ferramentas 74
      Posições Perceptuais 74

Capítulo 6
3º Passo: DEFININDO E ESPECIFICANDO AS METAS DO CLIENTE 77
   Objetivos 77
   Abordagens 78
   Dicas 78
   Habilidades 79
      Definição Clara de Metas 79
      Níveis Lógicos e Metas 88
   Ferramentas 89
      Linguagem e Imagens Mentais 89
      Os 10 Auxiliares Linguísticos 92

Capítulo 7:
4º Passo: INSTIGANDO OPÇÕES DO CLIENTE 95

Objetivos 95
Abordagens 96
Dicas 97
Habilidades 98
   Desenvolver e Usar a Intuição 98
Ferramentas 102
   Modelo GROW 102

Capítulo 8:
5º Passo: AVALIANDO AS OPÇÕES 105

Objetivos 105
Abordagens 106
Dicas 106
Habilidades 107
   Dar Feedback Efetivo ao Cliente 107
Ferramentas 110
   Matriz para Avaliação do Critério de Opções 110

Capítulo 9
6º Passo: ELABORAÇÃO DO PLANO DE AÇÃO 115

Objetivos 115
Dicas 116

Capítulo 10
7º Passo: ENCORAJAMENTO DO DESENVOLVIMENTO DO CLIENTE 119

Objetivos 120
Abordagens 120
Dicas 120

Capítulo 11
8º Passo: AVALIANDO E PREPARANDO A PRÁTICA DE COACHING 123

Autoavaliação 123
Nicho 124
Questionário para o Cliente de Coaching 125

Cadastro de Cliente – Modelo 127
Formulários de Preparação para o Cliente 128
Exemplo de um Acordo Formal Coach & Cliente 130

REFERÊNCIAS BIBLIOGRÁFICAS 133

Introdução

Coaching está ganhando destaque expressivo no momento, levando-se em conta o reconhecimento da importância do desenvolvimento profissional e a tendência crescente de se responder a uma variedade de papéis e funções, tanto na vida pessoal quanto na profissional.

Vários estudos têm sido divulgados fornecendo evidências de coaching como estratégia eficaz no local de trabalho para aumento de produtividade, moral, satisfação e lucratividade.

Coaching em organizações não é mais o território apenas de profissionais de recursos humanos e treinadores ou de coaches contratados externamente. É um atributo essencial de liderança.

Este manual foi estruturado com dicas, habilidades, ferramentas, modelos e exercícios que guiarão o estudante de coaching a colocar em prática, imediatamente, conceitos fundamentais para a condução íntegra e eficaz deste processo.

Ele objetiva apoiar não só o líder que deseja incorporar as práticas de coaching, mas também o interessado em entender sua teoria e se capacitar para administrar um processo de coaching, operar sessões, desenvolver habilidades e entender diferentes abordagens e modelos.

Oferecemos ferramentas que possibilitam resultados eficazes na condução do processo de coaching

Com uma abordagem bem objetiva, "direta ao ponto", começamos, na Parte I, trazendo aspectos conceituais.

O Capítulo 1 aborda noções gerais sobre coaching, seu surgimento, a base de conhecimento e alicerce teórico, além de alguns formatos de coaching que vêm despontando mais recentemente, dando uma noção geral da prática de coaching atualmente.

No Capítulo 2 trazemos aspectos importantes sobre o coach, suas habilidades e competências fundamentais, padrões de ética e o estado mental ideal para o coaching. Oferecemos, também, alguns Modelos que auxiliam o coach a ser mais eficaz durante o processo.

Em seguida, no Capítulo 3, pontuamos aspectos importantes a serem levantados acerca do cliente.

Apresentamos, na Parte II, "O Processo" onde buscamos empregar uma abordagem bem dinâmica, refletindo características reais da prática de coaching.

Desde a primeira sessão, momento em que se efetua a "Avaliação da Situação Atual" (Capítulo 4), seguimos pelo passo a passo do processo – um percurso de oito passos que compõem uma sequência flexível, adaptável a cada cliente e suas circunstâncias. Para a eficácia do processo como um todo, enfatizamos a importância de o coach saber "escutar profundamente" e incluímos um exercício muito revelador de "escuta profunda".

Sempre buscando a expansão da consciência do cliente, de forma a gerar ações efetivas, o Processo transcorre pelo 2º Passo (Capítulo 5) – "*Brainstorm* de Alternativas", onde se tem como objetivos assistir o cliente a sair do "estado emperrado", entrar num "estado de solução" e criar uma plataforma sólida para considerar novas alternativas.

O 3º Passo – "Definindo e Especificando as Metas do Cliente" (Capítulo 6) é bem didático e traz algumas "fórmulas" para apoiar o cliente a desenvolver e/ou polir suas metas específicas, assegurando que sua escolha tenha bastante relevância pessoal e apoiando-o no desenvolvimento e na manutenção do seu foco na meta.

O Capítulo 7 aborda o 4º Passo – "Instigando Opções do Cliente". É um passo muito interessante porquanto busca estimular um espectro amplo de opções (comportamentais), encorajar o cliente a sair da "trilha batida" e explorar novas possibilidades.

Pode ser bem desafiador, mas o propósito desse passo é estimular o cliente a desenvolver uma série de opções para alcançar sua meta.

A mecânica do 5º Passo – "Avaliando Opções", Capítulo 8, é uma evolução natural do 4º Passo, tornando o processo bem suave e estabelecendo um alicerce sobre o qual o cliente se sente firme e seguro em direção à execução de suas metas. Sugerimos a utilização de uma Matriz para avaliação das opções. Ela tem se mostrado muito útil, prática e bem aceita pelos nossos clientes.

Ao chegar no Capítulo 9 o leitor já estará prestes a "decolar" com o processo. A "Elaboração do Plano de Ação" – 6º Passo – traz certo grau de entusiasmo quando vemos que os passos anteriores foram bem eficazes e que agora o cliente está prestes a concatenar a aprendizagem adquirida ao longo do processo para atingir suas metas.

Basta, então, atentar para alguns detalhes que devem ser executados neste Passo, identificando as ações específicas e as técnicas que darão apoio ao cliente na direção da conquista de suas metas.

É importante notar que coaching é um processo experiencial, de forma que, mesmo antes de se elaborar um "plano de ação", como o estabelecido no 6º Passo, diversas ações são implementadas durante todo o processo. Enfatizamos que o processo de coaching deve continuar, principalmente, no intervalo entre as sessões, uma vez que elas precipitam ações concretas a serem iniciadas pelo cliente no seu dia a dia.

No Capítulo 10 – 7º Passo – "Encorajamento do Desenvolvimento do Cliente", abordamos aspectos para os quais devemos atentar, na verdade, durante todo o processo. Enquanto o coach não vem a ser um "motivador profissional", o processo de coaching é motivante.

O encorajamento neste estágio do processo cumpre a função de promover, cada vez mais, a autoconfiança do cliente e sua independência do próprio coach.

O 8º Passo descrito no Capítulo 11 é bem objetivo e traz algumas dicas de como preparar a prática de coaching. Deve-se realçar que o comprometimento do cliente para com o processo é fundamental para que sejam produzidos os resultados esperados.

Destacamos, também, a importância de o coach perceber o estágio onde o cliente se encontra perante cada um dos 8 Passos aqui apresentados. Enquanto este livro se propõe a apresentar uma estrutura prática e simples de ser seguida, é crucial que o coach exerça flexibilidade na sua implantação. A identificação, por parte do coach, de qual seja o melhor passo a ser dado em determinada sessão ou momento do processo, levando em conta a realidade do cliente, pode ser determinante para a eficácia do coaching.

Coaching se torna mais enriquecedor ainda quando o coach incorpora o cliente no processo de decisão dos passos a serem tomados, de forma a torná-lo um "cocoach", não só assumindo a responsabilidade pelo próprio andamento do processo, como também capacitando-o nas práticas de coaching e tornando-as comportamentos que enriquecem a vivência.

Com o intuito de oferecer ao interessado em coaching um livro que possa guiá-lo por cada passo, utilizamos linguagem simples e fundamentos práticos. Assim, esperamos contribuir para que a prática de coaching se torne mais disseminada e que seus benefícios sejam cada vez mais desfrutados por um número maior de pessoas, propiciando um aprimoramento dos níveis de experiência e existência de nossa sociedade.

Parte I
CONCEITOS

CAPÍTULO I

O QUE É COACHING?

A verdadeira viagem de descobrimento não consiste em procurar novas paisagens, e sim ter novos olhos
Marcel Proust

Coaching tem tomado dimensões tão amplas que não existe uma forma única e direta para defini-lo. Existem diversas maneiras de se explicar dependendo de seu âmbito e da base de conhecimento utilizada. Desde uma única conversa para um rápido esclarecimento a uma exploração contínua que pode levar semanas ou meses, os objetivos e práticas podem ser bem distintos.

Podemos, no entanto, em termos gerais, definir como uma metodologia que presta apoio às pessoas para seu crescimento e para o alcance de suas metas, num processo pelo qual o coach e o cliente, também denominado de coachee, formem uma parceria.

É um processo interativo que fomenta a autoconsciência e a responsabilidade do cliente, potencializando seus talentos e aptidões para maximizar seu desempenho, impulsionando as mudanças através de ações concretas, criando um momentum (força adquirida pelo movimento ou pelo desenvolvimento de eventos) que possibilita ao cliente seu desenvolvimento.

O SURGIMENTO

Coaching vem da palavra "coche", do inglês medieval e, do atual, "coach", carruagem. É uma palavra que sempre deu a noção de levar ou transportar e traz consigo a ideia de apoiar as pessoas a saírem de um "estado atual" e alcançarem um "estado desejado".

Usada com diferentes significados, é fundamentalmente a ação exercida pelo coach. O coach pode ser, por exemplo, um técnico de esportes: *football coach* – técnico de futebol ou *basketball coach* – técnico de basquetebol.

A propósito, em 1974 o técnico de tênis e escritor americano Tim Gallwey, autor do *best seller* "O Jogo Interno do Tênis" (*The Inner Game of Tennis*), notabilizou-se pela sua abordagem mais ampla ao coaching esportivo e ao "*jogo interno*", onde os oponentes reais não são apenas os concorrentes, mas suas próprias limitações e fraquezas.

Com base nesse conceito, nos anos 80, nos Estados Unidos, foi despertada a atenção, no âmbito empresarial, para o líder com as habilidades e competências peculiares a "coaches", surgindo, então, os conceitos "gerente coach", "CEO coach", "líder coach" etc.

Durante a década de 90, com o surgimento da necessidade de se disseminar tais habilidades e competências, nasce o "coach profissional" no meio de negócios, ganhando cada vez mais espaço no mundo empresarial no novo milênio.

Hoje, o coach profissional atua em diversas vertentes, oferecendo opções, como: coaching executivo, coaching de vida, coaching de casais, coaching de equipes, coaching de carreira, coaching de marketing pessoal, coaching transcultural, coaching de negócios etc.

A Metodologia de Coaching

A metodologia apresentada neste guia prático propicia o desenvolvimento do indivíduo, tanto no âmbito profissional quanto no pessoal, através do apoio ao processo de reflexão, aprendizado e ação para atingir suas metas.

Coaching é, fundamentalmente, a facilitação da mudança que vai levar aos resultados desejados: facilitação do movimento a partir de um "estado atual" (*A*) para o "estado futuro mais desejável" (*B*).

Os domínios nos quais coaching facilita a mudança incluem:

- Aprendizado – processos, habilidades.
- Desempenho – atividades, resultados.
- Realização – profissional, pessoal.

No contexto de trabalho, frequentemente, existe um foco particular em metas no domínio de desempenho. Importante notar, todavia, que o aprendizado vem a ser um meio para aumentar o desempenho e, a realização, uma fonte em potencial de motivação que também leva a um aumento de desempenho.

Coaching não é o mesmo que treinamento ou instrução. No entanto, em muitos casos, é usado eficazmente para apoiar métodos de aprendizagem, permitindo que a pessoa aprenda pelo processo de exploração, discussão e experiências práticas.

O foco do coaching está no desenvolvimento aprofundado de conhecimento específico, habilidades e estratégias. Para que o processo de coaching funcione, não é necessário que o coach tenha mais experiência do que o cliente. Coaching pode acontecer entre companheiros de trabalho e membros de uma equipe que estejam em diferentes níveis e experiências.

Coaching, normalmente, tem como fonte de informação as evidências. É, principalmente, um empreendimento conjunto em que uma pessoa presta apoio à outra para desenvolver seu entendimento e prática em uma área definida pelas suas próprias necessidades e por seus interesses. Para isso, é importante que o coaching seja um processo apreciativo, construído com alicerce calcado nas aspirações e desejos do cliente.

BASE DE CONHECIMENTOS

Coaching é um processo não intrusivo, em que o coach acompanha o cliente aplicando competências essenciais e articulando elementos de uma vasta base de conhecimentos não exclusivos, compartilhados e que se sobrepõem, tais como:

- Psicologia.
- Ciências comportamentais/sociais.
- Sistemas familiares e organizacionais.
- Educação e desenvolvimento continuado.
- Teorias de aprendizagem.

- História, linguagem, cultura.
- Indústria, conhecimento específico.
- Conhecimento de negócios.
- Ciências de liderança e gerenciamento.
- Éticas e valores.
- Trabalho transpessoal.
- Desenvolvimento de adultos.
- Técnicas de comunicação.
- Práticas de elevação da consciência.

Frequentemente, coaching implica integrar abordagens novas ou alternativas no repertório de habilidades e estratégias do profissional. As interações de coaching podem ser conversas de aprendizado longas, formalmente estruturadas, ou curtas e informais. Mesmo que informais, tais conversas são mais eficazes quando seguem princípios claros de conexão com ação.

Outras descrições sobre coaching:

- Uma forma de estímulo e acompanhamento a longo prazo adaptada às necessidades de desenvolvimento pessoal.
- Acompanhamento profissional de pessoas em diferentes profissões e contextos.
- Contribuição para a configuração de sistemas de trabalho e de instrução.
- Contribuição para a estabilização e o desenvolvimento contínuo do procedimento profissional.
- Fomento para a motivação, o rendimento, a capacidade de comunicação e o sucesso, aproveitando as capacidades e os conhecimentos comuns do coach e do cliente.
- Medida inovadora do desenvolvimento de recursos humanos e instrumento para desenvolver a capacidade de aprendizagem de uma empresa.

ÂMBITOS DO COACHING

Segundo os participantes	Individual Equipe Casais Grupo
Segundo os grupos-alvo	Esportistas Artistas Políticos Médicos Instrutores Executivos Líderes Empresas Empreendedores Profissionais liberais Estudantes Adolescentes
Segundo os temas	Alcançar metas Aumentar as competências Resolver conflitos Mediar conflitos Superar crises Saúde
Segundo os interesses dos clientes	Manter recursos, descobrir capacidades, desenvolver competências Relação e parceria Identificação da missão Planejamento de vida Marketing pessoal Transcultural
Tipos de clientes	Visitante Queixoso Cliente Co-coach

Papéis do coach	Parceiro para treinar Pessoa de referência externa Instrutor Acompanhador de processos Propiciador de *feedback*
Segundo os modelos	Com Programação Neurolinguística – PNL Coaching Ericksoniano Coaching Integral Coaching Sistêmico Coaching Cognitivo Coaching Apreciativo Coaching Ontológico

O QUE É COACHING E O QUE NÃO É...

Coaching é...

- Uma forma de aprendizado e desenvolvimento.
- Guiar alguém na direção de seu objetivo.
- O compartilhamento mútuo de experiências e opiniões para criar resultados de comum acordo.

Coaching não é...

- Impor agendas ou iniciativas.
- Fazer julgamentos.
- Corrigir as ações de alguém.
- Direcionar pessoas a entrarem em ação para alcançar objetivos.
- Ser o perito ou supervisor com todas as respostas.
- Dar respostas ou conselhos.
- Confirmar preconceitos de longa data.
- Criar dependência.

Fonte: Adaptado de Interaction Associates, Inc.

Exemplos de aplicabilidade:
- Clarificar e trabalhar metas de desempenho.
  Ex.: Aprender a estabelecer metas realistas.
- Autogerenciamento.
  Ex.: Gerenciamento de tempo.
- Preparar-se para novas responsabilidades.
  Ex.: Adquirir habilidades de liderança.
- Adquirir novas habilidades e competências para se tornar mais eficaz.
  Ex.: Desenvolver habilidades avançadas de comunicação.
- Superar obstáculos pessoais.
  Ex.: Trabalhar com o medo de falar em público.

DISTINÇÕES ENTRE COACHING, CONSULTORIA E TERAPIA

É interessante notar algumas distinções elementares e alguns aspectos em comum a estas três atividades – coaching, consultoria e terapia.

Quando se fazem comparações entre coaching e consultoria, notamos alguns pontos em comum: ambos incluem os gestores no estabelecimento de metas; planejam, monitoram e avaliam mudanças; usam uma variedade de ferramentas e técnicas; baseiam-se em ética organizacional; trabalham com líderes, individualmente, em questões relativas ao negócio; ambos, coach e consultor, são pagos pela empresa.

Como distinções, notamos: os consultores são focados no desempenho da organização e fornecem recomendações técnicas em questões do negócio, enquanto que os coaches buscam apoiar o executivo na descoberta de seu próprio caminho; os consultores baseiam-se na objetividade, já os coaches promovem desempenho individual no contexto organizacional; consultores fornecem análises quantitativas para os problemas da empresa e são remunerados para fornecer modelos e respostas, enquanto coaches prestam apoio aos líderes individualmente; consultores constroem relacionamentos hierárquicos, já os coaches assumem um relacionamento de "igual para igual" com o executivo.

Quando buscamos distinções entre coaching e terapia, observamos: a terapia tem o foco predominante no passado e o coaching foca no presente e no futuro; a terapia busca diagnosticar e tratar disfunções e tem a cura como sua meta principal, enquanto o coaching trabalha com indivíduos saudáveis.

Interessante notar alguns pontos congruentes tanto no coaching quanto na terapia: ambos são pagos para fazer "boas perguntas"; abordam questões difíceis, tanto pessoais quanto profissionais; focam na mudança comportamental do indivíduo; exploram a experiência subjetiva; toleram o fracasso e constroem as capacidades do indivíduo.

Vale dizer que tanto o coaching quanto a consultoria e a terapia dependem de um relacionamento de confiança com o cliente, honrando a confidencialidade com o cliente e mantendo suas "agendas pessoais" fora do processo.

Contextos

Em determinados contextos como, por exemplo, em uma empresa, é crucial que se faça um levantamento dos propósitos da organização em relação ao processo de coaching.

Existe uma variedade de razões, tais como:
- Trabalhar com comportamentos específicos.
- Aprimorar desempenho.
- Construir equipes.
- Criar uma cultura de sucesso.
- Atuar no crescimento da organização.

No âmbito individual, por exemplo, pode-se constatar:
- Necessidade de desenvolvimento profissional.

- Desejo em uma área de desenvolvimento pessoal.
- Desejo de progredir mais e/ou com mais rapidez profissionalmente.
- Insatisfação com a situação atual no trabalho/vida.
- Capacidade e preparação para o futuro.

Seja como abordagem com iniciativa estruturada ou como uma conversa profissional, coaching pode ser usado como:

- Meio de crescimento individual ou empresarial.
- Personalização do processo de aprendizado pessoal.
- Um processo que promove aprendizado autodirecionado.
- Diálogo profissional de maneira centrada em aprendizagem.

Coaching propicia benefícios significativos tanto para os clientes quanto para os coaches.

Para os clientes existem resultados que incluem alcance de metas, aprendizado, motivação, organização, habilidade de questionamento e um aumento de estratégias de aprendizado, incluindo colaboração.

Para os coaches, aprimoram-se a autoconfiança, desejo e capacidade de aprender e mudar, conhecimento e entendimento de uma variedade de maneiras de proporcionar apoio aos clientes, estratégias de aprendizado e um aumento da confiança e do poder de fazer a diferença através do coaching.

Nas Empresas

Através da aplicação dos métodos de coaching, propicia-se um novo modelo organizacional. Um modelo em que responsabilidade, liderança e aprendizado têm novo significado estimulante e onde o "poder" é sempre liberado com o intuito de capacitar e nunca constranger. A abordagem de coaching capacita líderes a transformar suas organizações em referência de responsabilidade pessoal, criatividade, disposição de arriscar e alcance de resultados.

O coach, através da arte de fazer perguntas e da combinação de diversas técnicas, conduz o processo de coaching propiciando aos gestores liderança emocionalmente inteligente, autodescoberta de potenciais adormecidos e adequação dos recursos dos colaboradores às necessidades das organizações, definindo-se como um "patrocinador de sucesso".

LÍDER COACH

No caso do processo estar inserido em uma organização, há um aprimoramento na eficácia da liderança e da organização, além de se constatar maior retenção de pessoal e fidelidade à empresa, maior desempenho, satisfação dos funcionários, produtividade, rentabilidade e lucratividade.

Algumas das vantagens de se adotar a abordagem de coaching a gerenciamento e liderança são:

- Fornece aos líderes ferramentas para desenvolver e acessar o potencial completo dos funcionários atuais, tal como novos funcionários.
- Desenvolve comunicação aprimorada e habilidades interpessoais em líderes no trabalho de excelência de desempenho e desenvolvimento contínuo.
- Aprimora o desempenho de funcionários fornecendo *feedback* equilibrado para desenvolvimento contínuo.
- Estimula o envolvimento de funcionários através da construção de relacionamentos pessoais que fornecem reconhecimento de habilidades positivas.
- Aperfeiçoa as oportunidades para os funcionários e, em consequência, constrói comprometimento com a organização.
- Facilita mudanças através do foco em autoavaliação, autorresponsabilidade e ação construtiva.
- Fornece liderança de equipe com as ferramentas para melhor gerenciamento, motiva e fomenta o futuro sucesso da força de trabalho, consequentemente fortalecendo os resultados financeiros.

A expectativa de que líderes em organizações apliquem as competências de coaching em interações com liderados e colegas de trabalho tem crescido e continuará crescendo nos próximos anos. Idealisticamente, todos numa organização deveriam praticar os comportamentos de coaching, já que parte de suas funções é influenciar ou apoiar aqueles com os quais têm contato.

CAPÍTULO 2

O COACH

> "A real maestria é a habilidade de permanecermos completamente presentes com qualquer coisa que a vida nos traga porque confiamos em quem somos."
> Richard Moss, M.D.

O coach profissional aplica seu conhecimento através da escuta ativa e da habilidade de fazer perguntas, ao invés de dar instruções. Os coaches podem oferecer seu conhecimento e experiência em resposta à solicitação direta do cliente que busca informação específica, mas a prática da técnica é calcada em prestar apoio ao crescimento do cliente, com a crença de que ele tem os recursos para tal.

O processo, então, propiciará ao cliente acessar os seus próprios recursos no "passo a passo" de seu desenvolvimento, evocando e potencializando seus talentos. Assim sendo, ele será o herói de sua própria jornada, e não o coach.

HABILIDADES FUNDAMENTAIS

O coach apoia o cliente para identificar um foco claro que servirá como base do trabalho. Ele assegura a existência de *rapport* (veja Parte II, Passo 1 do Processo) com o cliente, escutando-o atentamente e identificando suas necessidades e apreensões.

O desenvolvimento de *rapport* e confiança entre o coach e o cliente é fundamental para um processo efetivo de coaching. Em sessões estruturadas deve-se, preliminarmente, enfatizar a natureza confidencial do que é abordado e o fato de que o cliente é "o dono" do processo.

Coaching é mais eficaz quando o coach é capaz de relacionar, continuamente, cada estágio da sua atividade com as metas do cliente. Como veremos detalhadamente na Parte II, o coach faz perguntas de calibração que ajudam a clarificar a área de desenvolvimento e, também, perguntas desafiadoras que aumentam a consciência do cliente sobre a questão em foco.

Bons coaches desenvolvem uma sensibilidade para saber quando escutar e quando fazer determinada pergunta e, também, quando se deve prestar apoio e quando se deve desafiar. O coach é um bom ouvinte e consegue identificar as nuâncias do discurso do cliente, formulando-lhe perguntas decorrentes da discussão, refazendo-as se for o caso e ficando atento ao silêncio do cliente, evitando dar a resposta e evitando "perguntas prontas".

Coaches apoiam o cliente a detectar suas necessidades, a expandir o número de opções e a experimentar novos comportamentos, ajudando a arraigar os aspectos que forem aprimorados em seu desempenho e a consolidar o sucesso. Em um processo de coaching bem-sucedido, tanto o coach quanto o cliente se responsabilizam para que o comportamento novo e aprimorado seja efetivado.

Em última instância, o processo de coaching propulsiona o cliente a agir efetivamente, a refletir e aprender sobre essas ações, a desenvolver autoconfiança e expandir o nível de autoconsciência e responsabilidade.

As Competências

A Federação Internacional de Coaching (International Coaching Federation – ICF), nos Estados Unidos, estabelece onze Competências Principais do Coach, divididas em quatro seções:

A. Estabelecer os fundamentos.

B. Cocriar o relacionamento.

C. Comunicação efetiva.

D. Facilitar o aprendizado e os resultados.

A – Estabelecer os Fundamentos

1. *Respeitar orientação ética e padrões profissionais:*

    Entendimento da ética e os padrões de coaching e habilidade de aplicá-los apropriadamente, em todas as situações de coaching.

2. *Estabelecer o acordo de coaching:*

    Habilidade de entender o que é necessário na interação específica de coaching e chegar a um acordo com o novo cliente sobre o processo e o relacionamento de coaching.

B – Cocriar o Relacionamento

3. *Estabelecer confiança e intimidade com o cliente:*

    Habilidade de criar um ambiente seguro e apoiador que produza confiança e respeito mútuo contínuo.

4. *Presença do coach:*

    Habilidade de estar totalmente consciente e criar relacionamento espontâneo com o cliente, empregando um estilo aberto, flexível e confiante.

C – Comunicação Efetiva

5. *Escutar ativamente:*

    Habilidade de focar-se completamente no que o cliente está dizendo ou não dizendo, entender o significado do que é dito no contexto dos seus desejos e apoiar sua expressão pessoal.

6. *Perguntas poderosas:*

    Habilidade de fazer perguntas que revelam a informação necessária para benefício máximo do relacionamento entre o coach e o cliente.

7. *Comunicação direta:*

    Habilidade de comunicar-se efetivamente durante as sessões de coaching e usar linguagem que tenha o maior impacto positivo no cliente.

D – Facilitar o Aprendizado e os Resultados

8. *Criar conscientização:*
   Habilidade de integrar e avaliar corretamente múltiplas fontes de informação e fazer interpretações que ajudem o cliente a ganhar consciência e, assim, atingir os resultados preestabelecidos.

9. *Projetar ações:*
   Habilidade de criar com o cliente oportunidades para aprendizado contínuo durante o coaching e em situações pessoais/profissionais. Realizar novas ações que levarão, mais efetivamente, aos resultados preestabelecidos.

10. *Planejar e estabelecer metas:*
    Habilidade de desenvolver e manter um plano de coaching efetivo com o cliente.

11. *Gerenciamento de progresso e responsabilidade:*
    Habilidade de manter atenção no que é importante para o cliente e deixar-lhe a responsabilidade da realização da ação.

PADRÕES DE ÉTICA DA ICF

- Tenha um acordo claro logo no começo.
- Não prometa resultados que não possa garantir.
- Respeite a confidencialidade.
- Recomende outros recursos quando necessário.
- Evite conflitos de interesse.
- Não ofereça informação que seja confidencial ou enganosa.

O ESTADO MENTAL IDEAL PARA O COACHING

O que é um estado mental?

Nossos estados mentais são "padrões habituais de pensamento" que emolduram a forma como vemos o mundo. Eles programam o que nós cremos que sejam nossas limitações e possibilidades, definem o parâmetro de nossas ações e interações e afetam nossos resultados.

(Adaptado de: Marilee Goldberg)

Expandindo o Estado Mental de Coaching

O estado mental do coach é um fator-chave que determina as condições ideais para coaching. Os próximos trechos ajudarão você a ganhar um entendimento melhor do estado mental do coach. Foram selecionados de várias fontes para expandir seu pensamento sobre coaching.

> "Coaching é, fundamentalmente, a facilitação da mudança que vai levar aos resultados desejados: facilitação do movimento de um estado atual (A) para um estado futuro mais desejável (B)."
>
> "Coaches:
>
> • Apoiam as pessoas para estabelecerem metas.
>
> • Requerem que os clientes façam mais do que fariam se estivessem sozinhos.
>
> • Proporcionam melhor foco ao cliente para produzir resultados mais rapidamente.
>
> • Fornecem ferramentas, apoio e estrutura para alcançar mais."

Coaches são treinados para escutar, observar e customizar sua abordagem às necessidades individuais do cliente. Procuram evocar soluções e estratégias do cliente e acreditam que ele é naturalmente criativo e possuidor dos recursos. O trabalho do coach é fornecer apoio para aprimorar as habilidades, recursos e a criatividade que o cliente já tem.

> "Coaching não é um substituto da moda para controle gerencial. Líderes não têm mais tempo ou capacidade para controlar. Eles têm que delegar e dar poder para criar uma cultura de responsabilidade e ações autogeradas. Coaching e gerência são, de muitas formas, sinônimos. Am-

> bos trabalham usando relacionamentos e diálogo para gerar possibilidades e crescimento. Não é simplesmente uma questão de aprender certas técnicas. Coaching não é uma técnica. Envolve a maneira de ver o mundo, relacionamentos e a organização."
>
> Perry Zeus e Suzanne Skiffington
>
> "O coach não é um solucionador de problemas. Em esporte eu tive que ensinar menos para que pudessem aprender mais. O mesmo funciona para coach em negócios."
>
> Timothy W. Gallwey
>
> "Coaching é a liberação do potencial da pessoa para maximizar seu desempenho...
>
> A tarefa do gerente é simples – ter o trabalho executado e desenvolver sua equipe. Tempo e pressões limitam o desenvolvimento. Coaching é um processo que tem ambos os efeitos."
>
> John Whitmore

PRESSUPOSTOS FUNDAMENTAIS

- **O coach tem expectativas otimistas e positivas de si mesmo, dos outros e do mundo** – ele acredita que grandes objetivos podem ser alcançados. Ele busca ressaltar os pontos fortes, focando no que é possível e acreditando que existem os recursos para se criar o futuro desejado.
- **O coach tem um desejo genuíno de apoiar o desenvolvimento e aprendizado dos outros e está comprometido com seu próprio desenvolvimento como líder, como coach e como ser humano** – ele acredita que desenvolvimento e aprendizado sejam partes integrantes do trabalho e da vida. Considerando que ele é dedicado ao seu próprio aprendizado e crescimento, é também capaz de valorizar o progresso em direção às metas e reconhecer o esforço que é necessário no processo de mudanças.

- **O coach se importa com os outros genuinamente** – ele tem um verdadeiro senso da importância dos demais, o que significa também desafiá-los para ir mais além do que iriam normalmente, para que façam uso cabal do seu potencial.
- **O coach se empenha em adotar uma orientação para a vida e para o trabalho de "aprendiz", e não de "julgador".**

> *"A pessoa que produz os resultados mais extraordinários e tangíveis em negócios são aquelas que estão mais inclinadas a questionar sobre as coisas e considerar a complexidade das mesmas, ao contrário de dar a opinião de imediato, de dar a resposta ou fazer julgamentos apressados. Quando o coach tem a atitude questionadora, sinaliza para todos na equipe que o que conta é aprender, ao contrário de conhecer. Enfatiza para as pessoas que questionar não é um exercício abstrato, mas parte de um estado mental de experimentação, em que as pessoas fazem perguntas, formulam ideias, fazem experimentos, e fazem mais perguntas, até que elas vejam algo que não viam antes e que lhes permite produzir o resultado desejado."*
>
> (Robert Hargrove)

MODELO APRENDIZ-JULGADOR

O modelo Aprendiz-Julgador (quadro a seguir) nos fornece um formato valioso das duas orientações básicas a partir das quais nós podemos operar.

Quando adotamos uma orientação de aprendiz, temos a mente aberta, flexível, proativa e com respostas, aceitando a nós mesmos e aos outros. Assumimos a responsabilidade por nós mesmos e por nossas ações. Nosso "eu aprendiz" usa toda a experiência como uma oportunidade de descobrir e aprender. Foca no que "está certo" ao invés de no que "está errado".

Quando adotamos a orientação julgadora, somos inflexíveis, focados no problema, reativos e inclinados a culpar e a reclamar.

Quadro Aprendiz-Julgador

Eu Aprendiz	Eu Julgador
• Estado Mental – "iniciante"	• Estado Mental – "eu sei tudo"
• Analítico	• Reativo e automático
• Observador não tendencioso, pesquisador e investigativo	• Observador tendencioso, avaliador crítico
• Focado na solução	• Frequentemente focado no problema
• Relação "ganha-ganha"	• Relação "ganha-perde"
• Foco no que é certo (comigo, com a outra pessoa, com a situação...)	• Principalmente focado no que está errado (comigo, com a outra pessoa, com a situação...)
• Orientado para a aceitação, negociação, aprendizado, crescimento	• Orientado para a rejeição, defesa e/ou ataque
• Flexível e adaptativo	• Inflexível, rígido
• Assume responsabilidade por seus próprios pensamentos, sentimentos e ações	• Raramente asume responsabilidades por seus próprios pensamentos, sentimentos e ações
• Evita colocação de culpa e reclamação	• Entregue à reclamação e à colocação de culpa
• Admite que os recursos são suficientes e as possibilidades ilimitadas	• Admite que os recursos são escassos e as possibilidades limitadas
• Aceita mudanças como constantes, abraça-as e foca em gerenciá-las	• Considera mudanças algo perigoso e resiste a elas
• *Feedback* visto como útil	• *Feedback* visto como rejeição
• Temperamento básico: curioso e aberto	• Temperamento básico: protecionista e defensivo
Resultados do Típico Aprendiz	**Resultados do Típico Julgador**
• Curiosidade	• Defensivo
• Aprendizagem	• Inflexível
• Ganha-ganha	• Ganha-perde
• Energia	• Desespero
• Inspiração	• Inatividae
• Sucesso	• Fracasso

Adaptado de Marilee Goldberg

Somos críticos em relação a nós e aos outros. Nosso "eu julgador" sente-se ameaçado por novas experiências e está mais preocupado em proteger a si mesmo ao invés de pensar em novo aprendizado e descoberta. O foco do julgador está no que "está errado" ao invés de focar no que "está certo".

É importante entender que cada um de nós tem um "eu aprendiz" e um "eu julgador", e que, de certo modo, sempre somos um composto. Em situações diferentes um ou outro "eu" vai predominar e moldar nossos pensamentos, sentimentos e nossos padrões de comportamento e relação. A todo momento, todos nos deparamos com a escolha entre a orientação aprendiz e julgadora.

A escolha entre Aprendiz e Julgador é muito importante, já que ela tipicamente leva a resultados muito diferentes. Uma vez estando conscientes de nossa orientação no momento, sendo um observador de nós mesmos e com mente aberta, temos a possibilidade de escolha. E, na escolha, abrimos a possibilidade de moldar nossos resultados para serem mais próximos do que realmente queremos.

O modelo Aprendiz-Julgador é uma ferramenta preciosa que o ajuda a ver como você se conduz no coaching e, certamente, no trabalho e na vida em geral. A utilização desse modelo é, também, uma maneira valiosa para os clientes se conduzirem para o coaching.

Processo de três passos para mudar de Julgador para Aprendiz:
- Tenha consciência. Pergunte: Eu sou um Julgador? É assim que eu quero ser? Isso me dará os resultados que eu quero?
- Explore as escolhas: Onde eu preferiria estar? Como eu posso chegar lá? De que outras formas posso pensar sobre isso? Qual é minha escolha exatamente agora?
- Comprometa-se com sua escolha e entre em ação.

MODELO DA ESCADA DA INFERÊNCIA

Uma ferramenta para consciência das suposições

Como um coach, você precisa estar consciente de suas suposições e do seu impacto na abordagem com seus clientes.

A Escada da Inferência é uma ferramenta útil para ajudar você a estar consciente do estado mental, das crenças e das suposições com as quais você está operando. A Escada da Inferência é definida como "um caminho mental para aumento da abstração, frequentemente levando a crenças erradas".

Se você acredita que um cliente está comprometido com o aprendizado e crescimento profissional, você seleciona evidências sustentando essa suposição e, então, escolhe agir baseando-se nessa crença.

Se supõe que o cliente não está comprometido e é resistente à mudança, você vai procurar evidências e selecionar dados que sustentem essa crença, subindo a escada para agir de formas que podem não ser congruentes com o que está, de fato, acontecendo com o cliente. Nossas crenças e suposições influenciam os dados que selecionaremos na próxima vez – colocando-nos numa volta reflexiva.

Não é possível ir pela vida sem adicionar significado e chegando a conclusões.

Ao mesmo tempo, a meta é ser consciente das suposições e crenças que estão ocorrendo e verificar se essas suposições estão sustentando sua meta ou interferindo nela.

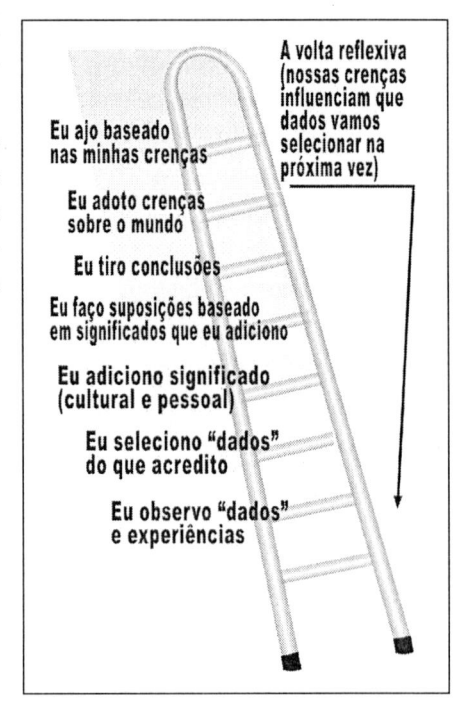

A volta reflexiva (nossas crenças influenciam que dados vamos selecionar na próxima vez)

Eu ajo baseado nas minhas crenças

Eu adoto crenças sobre o mundo

Eu tiro conclusões

Eu faço suposições baseado em significados que eu adiciono

Eu adiciono significado (cultural e pessoal)

Eu seleciono "dados" do que acredito

Eu observo "dados" e experiências

Você pode tornar-se consciente do seu próprio pensamento e raciocínio (reflexão):
- Fazer seu pensamento mais visível para os outros (declarar).
- Questionar o pensamento e o raciocínio dos outros (questionar).

Como um coach, você concebe que o cliente é criativo, autêntico e quer aprender, desempenhar e atingir suas metas, mesmo que seu comportamento e suas habilidades não se enquadrem.

O trabalho do coach é ajudar os clientes a acessarem seu melhor "eu", fornecer orientação, apoio e reconhecimento de forma que possam entrar em ação e desenvolver habilidades que se encaixem com suas intenções.

(Baseado em trabalho de Chris Argyris)

CAPÍTULO 3

O Cliente

> "Olha para trás, mas vai em frente,
> pois há muitos que precisam que chegues
> para poderem seguir-te."
> Charles Chaplin

Sete Aspectos Importantes sobre os Clientes

Definimos sete aspectos importantes que o coach precisa saber sobre cada um de seus clientes. Esses aspectos se aplicam ao próprio coach, considerando-se que ele deve, primeiro, conhecer a si mesmo.

I – *O que não é claro para seu cliente?*

A clarificação provém, em grande parte, de nos tornarmos:

- Conscientes em relação a quem somos agora.
- Alertas em relação ao nosso estilo de personalidade, formado pelos nossos hábitos e pela nossa estrutura comportamental.
- Conhecedores do nosso próprio estilo de comunicação, de escuta e de relacionamento com os outros.

II – *Quais são as necessidades pessoais mais importantes do seu cliente?*

Podemos entender como "necessidades" aquelas condições na vida que devemos ter para sermos completamente nós mesmos. Em geral, as pessoas são motivadas, ou mesmo compelidas, pelas suas necessidades desconhecidas ou não satisfeitas.

Até que as necessidades pessoais do cliente sejam conscientemente identificadas e trabalhadas, o processo de coaching vai requerer esforço adicional de ambas as partes.

III – *Quais são os predicados especiais e talentos do seu cliente?*

Todos têm seus próprios predicados especiais e talentos para compartilhar com os outros. No entanto, poucas pessoas têm a chance de progredir o suficiente no âmbito pessoal e profissional para serem capazes de orientar suas vidas em torno de seus predicados e talentos.

Grande parte do trabalho de coaching consta em descobrir o que está obstruindo o caminho do cliente para que ele seja capaz de ver claramente os seus predicados e desenvolvê-los.

IV – *Quais são os valores essenciais de seu cliente?*

As pessoas tendem a não dar importância à satisfação de seus valores até que suas necessidades sejam satisfeitas.

Valores não são princípios morais. Nossos valores são a essência de nossas crenças sobre o mundo e formam a estrutura não consciente e de poder por trás de nossos comportamentos. Eles são o combustível para nossa jornada para a meta.

V – *O que o cliente realmente quer para si?*

A maioria das pessoas não sabe o que realmente quer. Elas podem ter uma lista do que acham que querem ou que os outros acham que elas deveriam querer ou ter. No entanto, como elas ainda não conseguiram satisfazer suas necessidades nem ver seus valores com clareza, seus desejos são fabricados, moldados ou exagerados.

O coach pode ajudar o cliente a discernir o que ele realmente quer. Os desejos recém-descobertos podem ser os mesmos da lista original, ou muito diferentes. Mas, agora, o cliente vai ter esses desejos de forma clara e consciente e não como mera necessidade.

Desejos são opcionais, eles se somam à nossa vida, mas não "dão vida" tal como nossos valores ou necessidades fazem.

VI – *Como o cliente está nas seis principais áreas de sua vida?*

Tanto o coach quanto o cliente podem medir a qualidade de suas vidas em seis áreas:

- A qualidade de seus relacionamentos.
- O nível de saúde e vitalidade.
- O nível de prazer na sua escolha pela carreira.
- Seu bem-estar financeiro.
- Seu desenvolvimento pessoal.
- Compromisso com uma recreação prazerosa e que revitalize.

A maioria dos clientes de coaching demonstra deficiência em pelo menos uma ou duas dessas seis áreas.

É importante para o coach saber como o cliente está indo nas seis áreas, de forma a ficar alerta para alguma deficiência que afete o seu bem-estar geral. Isso possibilitará direcionar o coaching para assistir e elevar o grau de satisfação do cliente em qualquer área deficiente.

No entanto, para ser eficaz, o coach precisa ter uma visão geral do nível de capacidade do cliente em cada uma dessas áreas.

Na área de desenvolvimento pessoal, seguem alguns aspectos que o coach precisa checar em relação ao cliente:

- Ele está determinado a crescer e expandir sua consciência e capacidades?
- Ele é capaz de alcançar o que quer?
- Como ele se relaciona com os outros?
- Como ele se sente seguindo orientações?
- Ele se sente compelido ao que é possível?

VII – *O que o cliente quer para os outros?*

Quando sentimos que estamos sendo bem tratados e estamos em boas condições em todas as seis áreas, é natural querermos contribuir e assistir os outros.

Algumas pessoas têm o que se chama de "visão para os outros" ou "para o mundo que os motiva". Outros apenas querem que as pessoas mais próximas sejam felizes e saudáveis.

É um sinal de desenvolvimento pessoal avançado quando o cliente tem o desejo de contribuir para os outros, desenvolveu a habilidade para isso, tem as condições necessárias para fazê-lo – tempo, atenção, recursos financeiros, e é motivado por livre escolha.

SEIS PERGUNTAS PARA CLIENTES EM POTENCIAL

Estas perguntas podem fornecer evidências quanto ao nível de interesse e comprometimento do cliente em potencial com o processo de coaching.

1. Quais são os 3 maiores desafios relacionados com trabalho, carreira e/ou negócios com os quais você está se deparando atualmente?

   Colete o máximo de informações fazendo perguntas como: "Você poderia me falar mais a respeito disso? O que mais poderia me dizer?"

2. Quais são os 3 maiores desafios pessoais que está enfrentando?

3. O que você considera como critério para definir sucesso total neste estágio da sua vida?

4. Qual é a mudança mais importante que você gostaria de considerar fazer neste estágio da sua vida, levando-se em conta que teria o apoio necessário?

5. Se eu fosse seu coach, qual seria a primeira coisa na qual gostaria que estivéssemos trabalhando?

6. Existe alguma coisa que esteja causando hesitação em relação a darmos início ao nosso trabalho conjunto, levando-o na direção que você quer nos próximos meses? (Sempre trabalhe presumindo que o cliente vai trabalhar com você para conseguir o que quer).

Parte II
O Processo

CAPÍTULO 4

1º Passo: Avaliação da Situação Atual

> *"Todos nós estamos procurando, de diferentes maneiras, significado e propósito na vida, mas o que realmente queremos é a experiência de sentirmo-nos totalmente vivos e completamente livres."*
> Joseph Campbell

O cliente, em geral, tem o senso de direção amplo para o programa de coaching, mas pouca ou nenhuma clareza sobre o que focar especificamente. De fato, a maioria dos clientes pode descrever detalhadamente o que eles não querem, mas são menos articulados em relação ao que realmente querem.

Como resultado, a especificidade das metas a serem atingidas com o programa de coaching é raramente clara no começo do programa. Uma simples pergunta como "Qual é sua meta para esse programa de coaching?", pode ter como resposta o silêncio. Ou, então, o cliente fala a primeira coisa que lhe vem à mente, sem ir à raiz de suas questões e sem abordar a situação que o levou a buscar um coach.

O coach deverá levar o tempo que for necessário para, realmente, entender a situação a partir da perspectiva do cliente, estabelecendo um alicerce firme de confiança que possibilitará um crescimento efetivo do relacionamento de coaching.

A Primeira Sessão

A primeira sessão de trabalho de coaching é crítica para o desenvolvimento de confiança, abertura e honestidade, essenciais para uma relação efetiva de coaching.

Durante o primeiro estágio do programa de coaching, o coach incluirá em suas conversas uma variedade de perspectivas e áreas da vida do cliente. Não podemos separar as diferentes áreas da vida de um cliente – elas são um "sistema interligado".

OBJETIVOS

- Estabelecer o alicerce de confiança para um relacionamento efetivo de coaching.
- Entender as questões, a situação e o contexto do cliente.
- Entender a visão de mundo do cliente.
- Entender e identificar as áreas de desenvolvimento.
- Identificar as questões de desenvolvimento do cliente mais críticas atualmente.

O cliente é encorajado a:
- Refletir profundamente sobre a realidade atual.
- Expandir sua autoconsciência.
- Identificar as áreas para trabalhar com o coach.

O coach deve procurar desenvolver uma perspectiva de mundo segundo a ótica do cliente, a fim de melhor entender e trabalhar com ele de acordo com os princípios que lhe são peculiares.

Para alcançar isso, o coach pode utilizar-se de uma variedade de perspectivas e informações sobre o mundo do cliente, tais como:

- A empresa do cliente/divisão/departamento etc.
- A quem ele se reporta direta ou indiretamente (ex.: superiores).
- Os pares e colegas de trabalho do cliente.
- A equipe operacional do cliente.
- Consumidores/clientes do cliente.
- Familiares do cliente.
- Amigos do cliente.
- Outros relacionamentos sociais.

Mais à frente, veremos que o coach pode se utilizar de "triangulação" – uma técnica de aferição das informações trazidas pelo cliente com, pelo menos, três outras fontes, buscando diferentes perspectivas para o mesmo tema.

ABORDAGENS

Os coaches...

- Sabem como criar um senso genuíno de relacionamento e conforto para encorajar um elemento de abertura e confiança para a relação coach-cliente.
- Escutam profundamente, de forma que o cliente se sente completamente conectado e genuinamente entendido e valorizado.
- Usam o tempo que for necessário para entender a situação da perspectiva do cliente.
- Observam e detectam a comunicação verbal e não-verbal do cliente.
- Demonstram interesse genuíno nas histórias da vida do cliente.
- Usam instrumentos de avaliação como reforço para ampliar o entendimento da real situação do cliente.

DICAS

Ficar confortável com o silêncio

O "silêncio" pode, às vezes, parecer embaraçoso, mas ele cria um espaço onde *insights* podem emergir.

Evite a tentação de invadir esse espaço, sentindo-se forçado a preencher o vazio e acelerar o processo.

Permitir e encorajar o processo de codescoberta

Tanto o coach quanto o cliente precisam ter tempo para realmente entenderem as questões importantes.

Com grande frequência, em seu desejo de ser prestativo, o coach pulará de uma identificação preliminar do problema para uma solução rápida.

Somente quando o problema relevante está claro, soluções sustentáveis podem ser desenvolvidas de forma a tratar as causas ao invés dos sintomas.

Explorar o contexto em que o cliente opera

É extremamente útil explorar se um comportamento específico ou evento é comum a várias áreas da vida do cliente ou se somente ocorre em um determinado contexto. Isso indicará o grau de mudanças esperado, afetando várias áreas da vida do cliente ou apenas uma específica.

Se existem pontos em comum entre as várias áreas da vida do cliente, explore as similaridades dessas situações diferentes. Se não existem, explore os fatores que fazem as situações diferentes.

Demonstrar empatia genuína pelo cliente e sua situação

No começo do relacionamento ou da sessão de coaching é essencial que o coach demonstre empatia pelo cliente e reconheça sua experiência atual.

"Triangule" para descobrir as necessidades reais do cliente

O termo triangulação refere-se ao processo de checar uma referência com pelo menos três fontes diferentes para a mesma história.

Esse processo assegura que uma multiplicidade de pontos de vista seja reconhecida, aumentando, dessa forma, as chances de identificar padrões e temas críticos.

No contexto empresarial, isso significa não confiar em uma fonte única, tal como nos resultados de uma auditoria gerencial. Para obter um quadro pleno, recolha informações de outras fontes também, tal como uma entrevista com uma pessoa hierarquicamente superior ou subordinada ao cliente, observação de uma reunião de equipe e da conversa de coaching propriamente dita.

No contexto pessoal, as fontes de referência podem ser pessoas indicadas pelo cliente – amigos, familiares, participantes de cursos, clubes, associações, etc.

HABILIDADES

Foco na Consciência

> "O elemento-chave de coaching é a CONSCIÊNCIA, produto de atenção focada, concentração e clareza."
> John Whitmore

Aumento de consciência é chave para o coaching eficaz

No coração do coaching está a criação de consciência em relação a oportunidades de aumentar o aprendizado e o desempenho. Mudança intencional requer uma consciência de nossa realidade atual e clareza sobre o estado do futuro desejado, em direção ao qual desejamos ir.

A consciência a respeito da realidade atual de coaching

Você deve ter tido a chance de refletir sobre seu contexto atual de coaching e a forma na qual essa metodologia se enquadra na visão geral de suas responsabilidades como líder ou na sua vida pessoal.

Buscando aumentar e aprofundar sua consciência de sua realidade atual de coaching, reflita sobre seus pontos fortes como um coach. Quais são as áreas nas quais você encontra desafios? Qual o ponto específico que você quer focar para seu aprendizado pessoal?

Praticando o aumento da consciência na conversa de coaching

Algumas das chaves para conversas de coaching bem-sucedidas para o aumento de consciência incluem:
- Escutar o que está sendo enfatizado pelo cliente, tal como observar o que ele não está vendo.

- Fazer perguntas que ajudem a focar a atenção do cliente nos aspectos importantes do assunto abordado.

  As perguntas não são para obter informações que vão ajudar ao coach a oferecer solução. Ao contrário, as perguntas são para levantar informações que ajudarão o cliente a ver mais claramente, pensar diferentemente e chegar às suas próprias soluções.

- Escutar profundamente as perspectivas e sentimentos do seu cliente.
- Escutar sem crítica.

Criar Rapport e Relacionamento

Rapport é um elemento fundamental em todas as interações humanas. É uma palavra de origem francesa que significa concordância, afinidade, analogia, empatia, ressonância.

Você já notou como é muito mais fácil falar com algumas pessoas do que com outras? Apesar de algumas pessoas terem o talento de desenvolver *rapport*, esta é uma habilidade que todos temos e que podemos, também, criar e praticar.

Para chegar a um nível avançado da prática de coaching, é preciso aprender a se comunicar com confiança e facilidade com outras pessoas, possibilitando uma comunicação confortável e segura.

Coaches são, tipicamente, acolhedores, atentos, comunicam-se e relacionam-se facilmente com seus clientes.

Eles aperfeiçoaram as suas habilidades de tal maneira que podem criar rapidamente um bom *rapport* e relacionamento.

Para desenvolver habilidades de *rapport*, o coach precisa compreender:

- O que é *rapport*?
- Como desenvolver *rapport*?
- Como aumentar o nível de *rapport*?

O que é *rapport*?

O *rapport* é uma harmonia na comunicação que permite encontrar a outra pessoa no modelo que ela tem do mundo. Quando estabelecido, é uma "dança" na qual ambas as partes espelham seu comportamento verbal e não-verbal.

- É a essência de uma cooperação próxima na comunicação entre pessoas.
- É um fenômeno interativo que não pode ser criado por uma pessoa sozinha.
- Requer cooperação de ambas as partes.
- É, frequentemente, descrito como uma sensação de calor humano e confiança.
- Leva a uma sensação de relacionamento e conexão.
- É o fundamento de qualquer interação de coaching.

Para compreender o que é *rapport*, pense em uma situação onde ele não está presente. À medida que você reflete sobre isso, pense em quais eram os elementos-chave na interação que o levaram a concluir que havia uma ausência de *rapport*.

Talvez as pessoas:

- estivessem usando uma linguagem não familiar ou com jargões técnicos de uma indústria ou contexto particular;
- estivessem usando roupas diferentes ou não apropriadas para a ocasião;
- estivessem falando muito alto e muito rápido e você prefere comunicar-se mais lentamente e num tom de voz mais tranquilo;
- tivessem um comportamento que possa ter dado a você a sensação de frieza ao encontrá-las.

Esses e outros elementos têm impacto no estabelecimento do *rapport*.

Como desenvolver o *rapport*?

É uma característica humana básica sentir-se atraído ou gostar de pessoas que são parecidas conosco. Tendemos a mostrar nossas afiliações tornando-nos similares aos outros em nossos grupos. Isso pode ser em um nível visível e consciente, como compartilhar estilos de vestir de uma organização formal ou, num nível mais inconsciente, como nos gestos compartilhados por duas pessoas que estão apaixonadas.

Os elementos primários na construção do *rapport* são:

- Aparência física.
- Linguagem corporal e gestos.
- Qualidades vocais.
- Linguagem/palavras.

Aparência física

Quanto mais nos assemelhamos com outra pessoa, maior é a sensação de conforto gerada. Parece que as observações de semelhanças externas superficiais geram uma tendência subconsciente de concluir que a outra pessoa é, sem dúvida, "como nós". Isto, por sua vez, leva a um aumento de confiança e, então, a um fundamento mais sólido para interagir.

Embora num relacionamento de coaching não pretendamos desenvolver uma conexão excessivamente profunda com o nosso cliente, é importante procurar diminuir qualquer barreira para uma comunicação efetiva.

Isso significa que o coach precisa considerar, por exemplo, o estilo de roupas que usa. Para um coach que trabalha no mundo dos negócios, pode ser importante prestar atenção aos estilos e símbolos adotados pelos clientes em potencial, notando detalhes como: o seu código de vestimenta, se a caneta e o bloco de anotações estão apropriados, o estilo de sua pasta e, até mesmo, os recursos do telefone celular utilizado. A decisão de um executivo de usar ou não seus serviços pode depender de sinais que você transmite a respeito de sua habilidade de operar no ambiente dele.

Linguagem corporal

Um elemento-chave de bom *rapport* entre pessoas é o uso de posturas e gestos compartilhados. Observe qualquer casal profundamente apaixonado – seus gestos e movimentos equiparam-se um ao outro. Estes são sinais óbvios, mas o *rapport* pode ser criado mais sutilmente. Procure observar e espelhar, com discrição, movimentos tais como a respiração e, até mesmo, um piscar de olhos seguindo o mesmo ritmo da outra pessoa.

Para coaches, é muito útil criar habilidades de observação de tal maneira que ele seja capaz de notar tanto os elementos mais óbvios de linguagem corporal, como também as sutilezas.

Importante ponto de atenção:

Seja cauteloso ao atribuir seu próprio significado aos movimentos e gestos do cliente, uma vez que há uma série de fatores, incluindo diferenças culturais, que podem influenciar no significado. No entanto, pode-se notar qualquer mudança física ou verbal que esteja ocorrendo e, a partir daí, o impacto exercido pelo coach e seus métodos sobre o cliente.

Coaches de sucesso procuram, deliberadamente, aumentar o *rapport* espelhando alguns elementos da linguagem corporal adotando, por exemplo, a mesma postura que a do cliente ao se sentar na cadeira.

Qualidades vocais

Equiparar o tom, a velocidade e o timbre da voz do cliente também tenderá a criar *rapport*.

A importância desse aspecto é ainda maior ao se falar ao telefone, ocasião em que outros elementos-chave do *rapport*, tais como a postura corporal, não podem ser observados.

Linguagem e palavras

Estudos vêm mostrando que palavras têm um peso de apenas 7% em qualquer comunicação humana. No entanto, espelhar a linguagem e as palavras-chave do cliente são elementos importantes para aprofundar o *rapport*.

É importante que um coach ouça as palavras e frases que o cliente usa e a maneira como ele fala. Por exemplo, caso o cliente diga que está se "sentindo desanimado" com o seu progresso no trabalho, o coach deve usar as mesmas frases e palavras ao se referir ao assunto. O coach não perguntaria "por que está *triste* em relação ao progresso", já que a palavra utilizada pelo cliente foi "desanimado", o que não significa, necessariamente, triste. Isso pode comprometer o grau de *rapport* com o cliente.

Ao uso de palavras-chave do cliente se dá o nome de *backtracking*. *Backtracking* é a habilidade de reafirmar pontos-chave usando as palavras e frases da pessoa com quem estamos interagindo, acompanhando-a com o mesmo tom de voz e linguagem corporal.

Exercitando essa observação, pode-se notar a preferência do cliente na maneira de aprender e guardar informação – visual, auditiva ou cinestésica (sensações – física e emocional). Ao compreender a maneira preferencial do cliente, você pode modelar seu estilo de comunicação alcançando, assim, um impacto maior.

É importante repetir as palavras-chave que assinalam os valores da outra pessoa. O tom de voz ou os gestos vão enfatizá-los.

No coaching, em reuniões, negociações e vendas, o *backtracking* tem muitos benefícios:

- Cria e demonstra *rapport*, mostrando que você está ouvindo com atenção.
- Checa o acordo.
- Reduz mal-entendidos.
- Introduz uma pausa natural antes de você continuar falando.
- Clarifica os valores do cliente.

Os cinco estágios do *rapport* no coaching:

1. Estado de *rapport* superficial:
    - Posição onde nenhum *rapport* existe entre o coach e o cliente.
    - Não há qualquer relacionamento entre os dois indivíduos.
    - Houve uma quebra no relacionamento.

- Não dá uma base para iniciar ou continuar um relacionamento que funcione.

2. *Rapport* social básico:
    - *Rapport* social básico é pontuado por convenções e regras de polidez social básica.
    - Observar um coach e um cliente interagindo nesse nível parece com uma conversa desenvolvida onde o cliente, polidamente, responde às perguntas do coach.
    - Este tipo de *rapport* é tipicamente encontrado nos primeiros estágios da reunião para conhecimento mútuo, onde o cliente e o coach se encontram pela primeira vez ou no início de uma sessão de coaching.
    - Se o cliente não se sente seguro no relacionamento, provavelmente não vai querer sair desse estado que é um espaço mais seguro do que avançar para um nível mais profundo de *rapport*.
    - Coaches que temem riscos podem também se sentir mais confortáveis com este nível de *rapport*.
    - A habilidade de sair desse estágio distingue um coach experiente de um menos experiente ou de um iniciante.

3. *Rapport* baseado em processo:
    - O nível de *rapport* baseado em processo é marcado por uma concordância do cliente em seguir os princípios gerais do processo de coaching.
    - Neste nível, o coach é visto pelo cliente como um *expert* nos métodos de coaching.
    - O *rapport* é conseguido através do respeito pelos métodos e técnicas do processo de coaching, mais do que pelo coach individualmente.

4. *Rapport* baseado em *expertise*:
    - No *rapport* baseado em *expertise* o cliente mostra completa confiança no coach.

- Existe um *rapport* profundo entre ambos à medida que o cliente não apenas confia no processo de coaching, como também confia no coach e o respeita como pessoa.
- Neste nível de *rapport* o cliente se move para um estado onde a mudança pode acontecer.

5. *Rapport* transpessoal:

- Atingir um nível de *rapport* transpessoal é uma habilidade de coaching avançada e depende do grau de presença do coach.
- Esse nível de *rapport* pode ser mais bem descrito como uma situação onde 1 + 1 = 3. Em outras palavras, o coach e o cliente estão comprometidos em uma parceria no relacionamento de coaching, tal como um par de dançarinos campeões que criam uma performance vencedora quando juntos, mas são meramente técnicos *experts* quando dançam com outros parceiros.

Coaches experientes podem oferecer este nível de parceria. No entanto, em última análise, cabe ao cliente determinar o quanto ele está preparado para confiar no processo.

Ouvir Profundamente

Ouvir os outros enquanto estão falando é uma atividade que, habitualmente, não valorizamos.

PONTO-CHAVE: A habilidade de ouvir o cliente durante uma sessão de coaching, com acuidade sensorial completa, é uma competência-chave do coach.

Como essa importante habilidade pode ser levada a um nível de excelência?

A maioria das pessoas tende a pensar que ouvir é um comportamento mais passivo do que ativo. Como resultado, essas pessoas não reconhecem a quantidade de foco, esforço e habilidade necessários para se tornarem ouvintes habilidosos.

O primeiro passo é compreender que ouvir não é a mesma coisa que escutar.

Escutar é uma das cinco maneiras pelas quais se podem detectar mudanças em nosso ambiente interno e externo. Ao escutar alguma coisa, reconhecemos a recepção de um som.

O "ouvir verdadeiro" requer a interpretação do som para fazer sentido e determinar a resposta apropriada.

Por que ouvir é importante?

Coaches que realmente ouvem:

- Ganham compreensão das pessoas e situações.
- Podem operar com informação de maior qualidade, possibilitando-os interagir com mais propriedade e profundidade.
- Têm menos chance de ficarem confusos e "enrascados" em conflitos.

Para o cliente:

- Ser ouvido num relacionamento de coaching pode ser a única vez em que ele realmente se sente entendido.
- As pressões da vida podem significar que as pessoas ao redor do seu cliente raramente têm tempo para ouvi-lo com o propósito de entendê-lo.
- O cliente sente-se respeitado e valorizado quando suas visões, explanações e opiniões são ouvidas.
- A qualidade do ouvir do coach pode aumentar a própria compreensão e autoconsciência do cliente, ajudando-o a refletir no que ele está dizendo e pensando.

Ouvir no contexto de coaching requer:

- A habilidade de ouvir ativamente tanto o que o cliente está dizendo como, também, a maneira como está dizendo.
- Notar como o cliente enquadra os vários aspectos do conteúdo que está falando.

- A habilidade de notar O QUE NÃO ESTÁ sendo dito pelo cliente.
- A habilidade de notar qualquer mudança/resposta somática que esteja acontecendo com o cliente enquanto ele está falando.
- A habilidade de ver as coisas a partir da perspectiva do cliente. Perceber como algo o toca e entender o seu ponto de vista.

Ouvindo o cliente com a acuidade sensorial totalmente focada, o coach pode obter uma compreensão mais exata da questão que está sendo discutida.

Em contraste, num contexto cotidiano o ouvir não é tão intenso. Em conversas ocasionais você pode interessar-se pela outra pessoa e no que ela está dizendo, porém seus próprios interesses normalmente distraem sua atenção. É muito comum fingir que está ouvindo – uma causa de muitos conflitos entre parceiros ou colegas de trabalho.

É fácil ver que o ouvir-padrão, conversacional, onde há um misto de falar, ouvir, pensar e vaguear, não é apropriado para gerar resultados bem-sucedidos em uma sessão de coaching.

Ouvir em um nível apropriado é uma atividade que exige uma atenção muito focada, concentração e presença.

No começo de uma carreira de coaching, parece exaustivo focar a atenção somente no cliente durante toda a sessão de coaching. É importante ser capaz de reconhecer quando sua concentração está vagueando para que uma ação corretiva seja tomada, tal como fazer um pequeno *break* para tomar água ou café.

Os indicadores-chave de uma queda do ouvir ativamente podem incluir:

- Gastar muito tempo no começo da sessão preparando-se, tal como: tirar material da pasta, procurar uma caneta ou servir uma bebida enquanto o cliente já estiver falando.
- Manter pouco contato ocular com o cliente.

- Brincar com a caneta, objetos na mesa, xícara de café etc.
- Olhar para a janela, para o relógio ou qualquer outro lugar que não seja o cliente.
- Não responder ao que o cliente está dizendo ou descrevendo.
- Forçar o cliente a seguir seu raciocínio (do coach), e não o dele (do cliente).
- Devido à sua ansiedade, interromper o fluxo do cliente para se referir a um "caso similar" ou à sua experiência pessoal.
- Apresentar prematuramente seu ponto de vista ou sua solução.

Um lapso ocasional de concentração é perdoável, mas se os lapsos são longos e/ou frequentes, é provável que isto tenha um impacto negativo no relacionamento de coaching. Em alguns casos, o cliente pode não só perder a confiança no coach, como também no próprio processo de coaching.

O cliente é capaz de lembrar-se precisamente de situações quando o coach não estava realmente presente e ouvindo-o. Essas situações sempre têm um impacto negativo no nível de confiança e no relacionamento, o que exige do coach tempo e energia extras para reparar.

Um estudo realizado pela *Lore International*, nos EUA, mostrou que 26% dos clientes disseram que seus coaches não os ouviam bem, e não tinham compreensão para utilizar suas ideias (dos clientes) na sessão de coaching.

Estes achados são perturbadores, pois eles indicam que falta esta capacidade básica em muitos trabalhos de coaching.

Os indicadores-chave do "ouvir profundamente" são:

- Bom contato ocular com o cliente.
- Foco completo no que o cliente está dizendo.
- Dar espaço para o cliente falar, sem interrupção.

- Esforçar-se para encorajar o cliente a expandir o que ele está dizendo.
- Buscar compreender a situação, da perspectiva do cliente.
- Refletir o conteúdo de volta para o cliente, para demonstrar que está ouvindo atentamente.
- Sumarizar o que o cliente disse para verificar e checar a compreensão.

Terry Bacon, um conhecido coach executivo e CEO da *Lore International*, descreve este nível profundo de ouvir, praticado por coaches experientes, como "ouvir com os olhos tão bem quanto com as orelhas". Com isso, ele quer dizer que coaches experientes observam seus clientes cuidadosamente, procurando por mudanças sutis na fisiologia e nos sinais não-verbais.

Observações de mudanças somáticas na fisiologia, tais como contração de músculos faciais ou mudanças no fluxo sanguíneo na superfície da pele, podem indicar um impacto no cliente sobre o que ele está dizendo, e podem, também, ser um indicador do que não está sendo dito.

Nesse nível mais profundo, o coach experiente está atento a coisas que não estão sendo ditas, tais como lacunas na informação. Isso pode indicar a raiz de um problema que, se for trabalhado, pode levar o cliente a uma grande mudança.

O coach pode estimular o cliente a preencher as lacunas, fazendo afirmações, tais como: "Eu notei que você não mencionou o impacto que esta mudança terá no seu parceiro".

Tendo a preocupação profunda reconhecida, o cliente sente-se compreendido e pode começar a explorar áreas previamente não verbalizadas.

Nota-se que os gestos habituais do cliente, tais como esfregar as mãos ou balançar a caneta, muitas vezes são preocupações não verbalizadas. Contudo, é possível e aconselhável atribuir significado preciso a cada gesto. A habilidade vem com o notar de certos gestos e, em seguida, pedir ao cliente que atribua um significado ao seu gesto.

Como desenvolver habilidades de ouvir?

Existem três componentes principais na arte de ouvir, durante a sessão:

- Preparação – colocar-se em um estado de presença.
- Desenvolver e manter o foco no que está sendo dito.
- Demonstrar para o cliente que você está ouvindo.

Antes de ir para a sessão de coaching, é muito importante que você "clareie a mente" de tal maneira que esteja pronto e capacitado a ouvir. Qualquer pensamento ou preocupação que preceda a sessão de coaching deve ser colocado de lado até depois da sessão.

Diferentes coaches empregam métodos para conseguir esse espaço necessário para ouvir.

Por exemplo – ter tempo extra:

- Ler as anotações da sessão anterior.
- Começar o processo de reimersão na questão do cliente.
- Fazer alguns momentos de meditação, antes da sessão de coaching.
- Simplesmente sentar-se para tomar uma xícara de café e relaxar.

Não importa o método que você use. O importante é desenvolver a habilidade de deixar os assuntos pessoais de lado e focar somente no cliente e na sessão de coaching. A chave para desenvolver e manter um foco está no interesse genuíno no cliente, na sua situação e nos seus desafios.

Coaches experientes são capazes de demonstrar um interesse genuíno nas histórias de vida e nos desafios atuais de seus clientes. Eles têm uma ética de trabalho saudável e o desejo de trabalhar com pessoas para apoiá-las a conseguirem os resultados que querem.

É desafiante ficar longos períodos ouvindo com foco. É uma habilidade que exige concentração e prática. A sessão de coaching é uma combinação de ouvir, observar, fazer perguntas, dar *feedbacks* e interagir com o cliente. Se você notar que está perdendo o foco, então mude um pouco o que está fazendo, tal como utilizar mais perguntas. Assim, você pode recuperar o foco necessário.

Técnicas para demonstrar ao cliente que você está ouvindo:

Resumir a sequência de conversa:

- Isso assegura uma compreensão compartilhada.
- No entanto, é essencial que evite fazer julgamentos e ter ideias preconcebidas do que o cliente está dizendo, pois o seu *feedback* pode influenciar, equivocadamente, o cliente e a direção do seu processo.

Utilizar as próprias palavras do cliente em uma pergunta:

- Isso é importante porque não só mostra respeito pela maneira como o cliente expressa algo, como também terá um impacto maior, visto que esta é a linguagem dele. Por exemplo, se o cliente diz "Eu preciso de mais tempo para relaxar", então uma pergunta poderia ser: "Como ter mais tempo para relaxar vai ajudá-lo a conquistar sua meta?"
- Isso terá mais impacto do que dizer "Como ter um tempo de folga vai ajudá-lo?". Essa pergunta não usa as palavras do cliente e assume que "relaxar" significa tirar folga do trabalho, enquanto o cliente pode estar se referindo a ter mais tempo para relaxar durante o dia de trabalho.

Repetir palavras críticas – com a inflexão aumentada:

- Isso assinala que você ouviu o que o cliente disse e estimula-o a pensar mais.

Relaxar e seguir o fluxo da direção do cliente na sessão:

- É importante que o coach siga a direção e a agenda preparada pelo cliente.
- Esse é o assunto que ocupa a mente do cliente.
- Se, através de ouvir, você tiver um palpite ou ideia sobre algo que pode ajudar o cliente, escreva-a e volte a ela mais tarde.
- Quando o coach é muito rápido em oferecer sugestões, o cliente pode tornar-se distraído e inquieto.

- Uma mudança forçada de direção não só gasta muita energia do coach, como, também, demonstra falta de respeito para com o cliente e não contribui para sua aprendizagem e desenvolvimento.

Jogo de Pistas:

- É particularmente importante, nos estágios iniciais do relacionamento de coaching ou ao discutir questões novas, que o coach siga as "pistas" oferecidas pelo cliente.
- Ao ouvir profundamente, o coach pode trabalhar com o cliente para criar um quadro completo e desenvolver uma história coerente.
- Isso guiará a autodescoberta do cliente e o ajudará a organizar um plano de ação que seja adequado a ele e à sua agenda.
- Desta maneira, a aprendizagem e as atividades de desenvolvimento são sustentáveis e pertencem ao cliente, ao contrário de serem impostas pelo coach, dizendo ao cliente o que fazer.

FERRAMENTAS

Os Quatro Quadrantes da Janela de Johari

Este estágio do processo de coaching pode ser enriquecido usando-se o processo da Janela de Johari. Esse modelo foi desenvolvido pelos psicólogos americanos Joseph Luft e Harry Ingham, a partir de suas pesquisas em dinâmicas de grupo.

O modelo Janela de Johari é muito útil para identificar áreas que o cliente precisa explorar para enriquecer sua autoconsciência.

A Janela de Johari representa a informação relativa a sentimentos, experiências, pontos de vista, atitudes, habilidades, intenções e motivações, entre outras emoções, relativas à pessoa e em relação ao seu grupo, de quatro pontos de vista diferentes.

Na avaliação da realidade atual da situação do cliente, o coach e o cliente são capazes de explorar cada uma das quatro áreas, recolhendo informações de todas as fontes disponíveis.

ÁREA ABERTA DE INFORMAÇÃO	ÁREA CEGA
O que é sabido pelo cliente sobre si mesmo e o que também é sabido pelos outros.	O que não é sabido pelo cliente sobre si mesmo, mas que é sabido pelos outros.
• Área mais fácil de acessar. • Com as perguntas certas e um bom nível de *rapport*, a maioria dos clientes fala abertamente sobre suas questões.	• Requer solicitação de *feedback*: avaliações e instrumentos psicométricos que envolvem outras pessoas tais como subordinados, superiores, pares e clientes.
ÁREA DA AUTORREVELAÇÃO	ÁREA DO AUTODESCOBRIMENTO
O que é sabido pelo cliente sobre si mesmo, mas que não é sabido pelos outros.	O que não é sabido pelo cliente nem pelos outros.
• Requer *rapport* e garantia de confidencialidade. • Escutar o que é dito e também o que o cliente pode estar guardando. • O coach pode usar perguntas-teste para descobrir a informação guardada. • A extensão da revelação vai depender muito do nível de confiança e respeito estabelecido entre o coach e o cliente.	A informação virá do autodescobrimento do cliente e do descobrimento mútuo do coach e do cliente. Existem 3 partes desse exame: 1. O elemento do autodescobrimento do cliente. 2. A contribuição das observações de outros. 3. Descobertas mútuas a partir da interação coach-cliente.

Roda da Vida

Esse formulário é uma ferramenta bastante utilizada em coaching, quando se pretende que o cliente tenha uma perspectiva de várias áreas de sua vida e possa, então, através das conversas de coaching, fazer uma avaliação ampliando sua consciência sobre as possíveis áreas a serem abordadas no processo de coaching.

Pede-se, então, ao cliente para refletir sobre cada uma dessas áreas de sua vida e pontuá-las – de 0% a 100%. Feito isso, então, inicia-se um processo de conversação sobre o que está acontecendo em sua vida e o que o cliente gostaria de fazer para atingir satisfação total.

Vale notar que há casos em que não se faz necessário apresentar o formulário ao cliente. Pode-se, simplesmente, fazer tal avaliação sem lançar mão do formulário propriamente dito. Em alguns casos, no entanto, ele serve como recurso visual, facilitando a elaboração de pensamento e avaliação. É importante que as áreas sejam nomeadas de acordo com o vocabulário do cliente.

As nomenclaturas das áreas da Roda da Vida nos formulários a seguir são apenas uma sugestão.

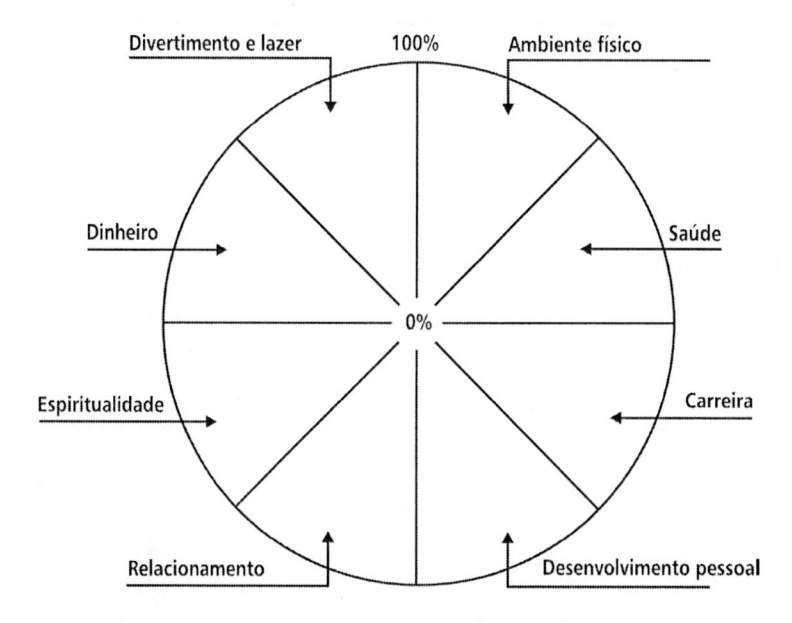

Extensão da Roda da Vida

O formulário, a seguir, possibilita uma reflexão mais específica, incluindo espaço para Ação de Desenvolvimento e Meta.

Área da Vida	Subdivisão	Satisfação Atual	Ação de Desenvolvimento	Meta
Ambiente Físico	Residência			
Ambiente Físico	Trabalho			
Ambiente Físico	Transporte			
Saúde	Física			
Saúde	Mental			
Saúde	Espiritual			
Carreira	Atual			
Carreira	Futura			
Carreira	Outra			
Desenvolvimento Pessoal	Autoconhecimento			
Desenvolvimento Pessoal	*Hobbies*			
Desenvolvimento Pessoal	Interesses			

Área da Vida	Subdivisão	Satisfação Atual	Ação de Desenvolvimento	Meta
Relacionamento	Família			
	Trabalho			
	Pessoal			
Espiritualidade	Autoconhecimento			
	Crença Religiosa			
	Contribuição aos Outros			
Dinheiro	Poupança			
	Débitos			
	Rendimentos			
Divertimento e Lazer	Viagens			
	Cinema e Teatro			
	Música e Leituras			

Exercício da Escuta Profunda

Esse é um exercício para escutar outra pessoa com o propósito de entender profundamente o outro, seus sentimentos e seu processo de pensamento.

Conforme sua habilidade de escutar se desenvolve, você vai se beneficiar de:

- Ter um entendimento da outra pessoa, suas situações, pensamentos e questões.
- Habilidade de desenvolver melhor *rapport* e relacionamento com os outros.
- Um estilo mais relaxado de conversar.

A Conversa da Escuta Profunda – passo a passo:

Seu papel é o de *escutador* e, o do seu parceiro o de *orador*.

1. O orador vai falar para o escutador três situações ou coisas diferentes que ele quer mudar – podem ser questões pessoais ou profissionais, problemas, frustrações ou metas e objetivos que ele tenha.

- Leve de 2 a 3 minutos no máximo para cada uma das três situações.
- Durante esse tempo, o escutador ouve em silêncio e pode fazer (se necessário) perguntas para clarificar e entender o que está sendo dito.

2. Após ouvir, o escutador leva de 3 a 5 minutos para sumarizar de volta para o orador:

- Quais são as três questões ou situações.
- Como o escutador se sente a respeito delas.
- O que mais parece que não foi falado, mas que, pode ter relevância na conversa.

3. **Em seguida, o orador dá *feedback* para o escutador, especificando:**

- O quão bem sentiu que o escutador o escutou e deu atenção completa enquanto ele (orador) estava falando;
- Que efeito o escutador "escutando" teve sobre ele. Por exemplo: "Fez com que eu falasse mais, fez com que eu me sentisse bem, etc.".
- Como o exercício afetou a maneira como se sente sobre as três coisas?
- Como se sentiu sendo escutado e o que pensa que causou esse sentimento.

Por exemplo, o orador pode dizer: "Eu me senti escutado *porque* você fez perguntas para entender o que eu estava dizendo".

NOTA: O principal objetivo do escutador é manter-se presente, atento, neutro (sem julgamento), receptivo e entender o que o orador está dizendo.

Regras Básicas para o Escutador:

Durante o tempo em que o orador estiver falando sobre as suas três questões:

- Não tente dar ao orador suas ideias, soluções ou sugestões relativas à situação que ele está abordando.
- Não se refira ou discuta nenhuma circunstância similar, experiências ou sentimentos que você já tenha tido.
- Não tente controlar a direção ou conteúdo da conversa.
- Não busque aparentar-se bem ou impressionar a outra pessoa de nenhuma forma – tal como fazendo perguntas inteligentes, acessando seu "grandioso" tesouro de informações etc.

CAPÍTULO 5

2º Passo: *Brainstorm* de Alternativas

> *"Nosso cérebro é o maior brinquedo já criado.
> Nele se encontram todos os segredos,
> inclusive o da felicidade."*
> Charles Chaplin

Uma das questões críticas mais comuns para o cliente é o seu sentimento de estar "emperrado" em uma situação sem uma alternativa clara da linha de ação.

Em algumas circunstâncias, particularmente em momentos de forte estresse, a perspectiva da pessoa tem a tendência de diminuir com a experiência mental, física e emocional em "visão de túnel".

É como estar em pé em frente a uma parede monumental, sem ser capaz de ver nada além dela. Um coach experiente pode apoiar o cliente para que ele se afaste da parede e tenha, novamente, uma perspectiva mais ampla.

Dar apoio ao cliente com o desenvolvimento de perspectiva mais ampla é um pré-requisito que ajuda a passar para os próximos estágios no programa de coaching.

É importante deslocar-se para este estado mais expandido de consciência, uma vez que, de outra forma, o cliente tenderá somente a repetir o mesmo padrão de comportamento não produtivo.

Objetivos

- Assistir o cliente a sair do "estado emperrado".
- Assistir o cliente a entrar num "estado de solução".

- Assistir o cliente a criar uma plataforma sólida para considerar novas alternativas.

Papel do coach:

- Desafiar o pensamento do cliente.
- Abalar as perspectivas do cliente.
- Assistir o cliente a deslocar-se de seu padrão não produtivo.
- Gerar novas opções que possam levar a novas formas de comportamento.

Ter o cliente fora do "estado emperrado" pode vir de:

- Ajudá-lo a reconhecer que ele está passando pelos mesmos padrões de comportamento repetidamente, sem obter o resultado desejado.
- Aumentar sua consciência sobre as consequências de continuar com os padrões habituais.
- Sugerir, apropriadamente, formas alternativas de fazer as coisas.

Tais alternativas não têm a função de "soluções" nem precisam ser diretamente conectadas com a situação atual.

O cliente está procurando um resultado alternativo, de forma que é importante ajudá-lo a ter a base que fornecerá uma perspectiva mais ampla e colocá-lo num estado mental de desenvolver metas.

História de um caso:

Um cliente falou sobre sua frustração com seu chefe por sua falta de habilidade de entender que falar com ele ao telefone, ao invés de enviar e-mails, produziria melhores resultados.

O coach trabalha com o cliente produzindo uma lista de cenários diferentes:

- Uma possibilidade envolve o cliente gerenciando um hotel pequeno (não é seu papel atual).

- Outra possibilidade envolve alcançar promoção na organização atual.
- E ainda outra possibilidade envolve uma reorganização da estrutura da equipe.

Todas as alternativas foram apresentadas para a situação atual de frustração, mas nenhuma delas com o intuito de fornecer uma solução para o problema aparente.

O papel do coach nesse estágio é ajudar o cliente a aceitar responsabilidade pessoal para mudar e reconhecer que ele só pode mudar seus próprios comportamentos e não os dos outros.

- Se o coach tivesse trabalhado sobre a possibilidade do cliente persuadir seu chefe a usar o telefone, não o teria ajudado a pensar mais amplamente sobre a situação atual.
- Se o chefe recusasse a mudar, as frustrações iriam permanecer.
- Não focando na questão do telefone, o coach ajuda o cliente a aumentar suas opções como um todo e, então, desenvolver metas desejáveis que sejam realmente significativas para ele.

ABORDAGENS

O coach...

- Aplica uma variedade de ferramentas e técnicas para afastar o cliente de seus padrões habituais – quebrando o seu "estado emperrado".
- Surpreende os clientes com perguntas criativas que eles não esperam nesse estágio.
- Leva tempo para fazer *brainstorm* sobre as alternativas reais da situação atual.
- Investiga além das respostas iniciais do cliente para descobrir um espectro maior de alternativas à situação atual.

Dicas

Libere tensão com uma pergunta inesperada como "A pergunta milagrosa".

- Essa pergunta vem da terapia focada na solução e pode ser feita de diversas maneiras.
- Uma versão é: "Imagine uma noite, enquanto você está dormindo, acontece um milagre e o problema que você está enfrentando é solucionado. Todavia, como você está dormindo, não sabe a respeito do milagre e que o problema já foi solucionado. Quando acorda de manhã, o que estará diferente e lhe indicará que o milagre aconteceu? O que mais?"
- Para muitos clientes essa "pergunta milagrosa" fornece o ativador que ajuda a começar a ver novas maneiras à frente.

Utilize estórias metafóricas

Alguns coaches usam metáforas para assistir o cliente a sair do estado emperrado. Os contos ou estórias devem ser cuidadosamente elaborados para evocar uma série de estados. Um estado é a soma total de todos os processos neurológicos e físicos em um indivíduo em qualquer momento. Note o estado de estímulo no cliente que vai ser importante para ele, conforme o processo vai avançando.

A grande vantagem em usar essa abordagem é que, adotando um "estado de contador de estórias", o coach imediatamente ajuda o cliente a relaxar e, dessa forma, a posicionar-se num estado melhor para desenvolver novas soluções.

Use uma estória para influenciar o cliente sem ser diretivo. Metáforas visuais podem também ser úteis. Você pode fazer um bom uso do ambiente do escritório e começar a falar sobre o vaso de planta na mesa. Por exemplo: "As plantas estão claramente precisando de nutrientes – elas estão com folhas amarelas e estão murchando".

Falando sobre as plantas, o coach pode guiar o cliente para acessar suas próprias necessidades e os impeditivos no seu ambiente e no papel que está desempenhando.

Encorajando a visão do cliente

- Esta técnica pode ser usada eficazmente para produzir uma série de quadros ou frases que descrevem aonde o cliente quer chegar, baseando-se desde os pontos altos de sua vida até hoje.

- Conforme esses quadros e/ou frases vão se firmando como experiência real e história, as pessoas entendem como repetir seu sucesso.

- Por exemplo, lembrando um sucesso passado numa entrevista de emprego, quando preparando o cliente para uma mudança de posição. Essencialmente, o coach está acendendo um recurso antigo, mas latente, presente dentro do cliente.

HABILIDADES

Fazer Perguntas com Criatividade

Coaching é, essencialmente, uma conversa estruturada entre coach e cliente.

Grande parte do tempo utilizado pelo coach nesta conversa consiste em:

- Fazer boas e efetivas perguntas ao cliente.
- O cliente responder aquilo que ele pensa que foi perguntado.
- Notar a resposta semântica/verbal e somática/cinestésica à pergunta.
- Continuar a investigar com perguntas efetivas adicionais para o cliente responder.

A habilidade de fazer perguntas certas está no centro da "caixa de ferramentas" de um coach experiente.

O cuidadoso questionamento do coach com perguntas que gerem respostas apropriadas, com um específico propósito, é o que faz a diferença entre uma conversa do dia a dia e uma conversa "proposital" de coaching.

O objetivo das perguntas de coaching é a resposta que você obtém do cliente.

Perguntas podem ter um amplo espectro de uso, desde a simples coleta de dados, até a execução de uma mudança pessoal.

O uso habilidoso de perguntas requer do coach:

- Pensar na forma como estruturar a pergunta e no seu objetivo intencional.
- Fazer a pergunta de forma apropriada.
- E, mais importante, observar o efeito que a pergunta teve no cliente e a sua resposta à pergunta.

O desenvolvimento de uma habilidade de perguntar é um processo interativo que envolve prática, experimentação, observação e reflexão.

Por que o questionamento criativo é importante?

Fazer boas perguntas está na essência do coaching porque é a maneira como o coach pode ter um impacto direto para guiar o cliente a alcançar a sua mudança comportamental e suas metas.

Através do uso habilidoso de perguntas, o coach pode:

- Compelir o cliente a pensar, a examinar, a olhar, a sentir, a se engajar.
- Evocar a clareza de pensamento.
- Focar atenção em comportamentos/áreas críticas.
- Estimular o cliente a respostas descritivas, e não a julgamentos.
- Checar a compreensão da direção do cliente.
- Aumentar a autoconsciência.
- Promover a responsabilidade do cliente para usar seus recursos e desenvolver soluções.
- Desafiar o cliente a partir para a ação e iniciar a mudança.
- Obter o comprometimento do cliente.

- Obter *feedback* de alta qualidade do cliente, o que é essencial para avançar o *momentum* do relacionamento de coaching.

As perguntas devem ser feitas no contexto da situação específica do cliente.

Antes de fazer uma pergunta sobre o cliente, o coach deve considerar "qual é a intenção por trás da pergunta".

Apresentar boas perguntas em resposta ao fluxo da conversa permite que a conversa de coaching "flua".

Uma importante parte do treinamento de um coach é preparar e formular perguntas. O propósito é:

- Aumentar a habilidade do coach de fazer boas perguntas.
- Ter a experiência do impacto que diferentes formas de perguntas têm no cliente.
- Aprender com essa experiência.

À medida que o coach se torna mais experiente, seu processo de fazer perguntas fluirá mais intuitivamente e será guiado pela interação com o cliente.

Técnicas de Questionamento

Boas perguntas de coaching incluem três características em comum:

- Elas são simples – perguntas que divagam ou contêm subperguntas podem confundir o cliente e deixar o processo de coaching mais lento.
- Elas são feitas com um propósito específico em mente.
- Elas são elaboradas para impactarem positivamente o cliente.

No começo do processo de coaching, as perguntas são usadas principalmente para colher informação. O coach está procurando obter um ponto de vista objetivo e detalhado do cliente e de sua situação atual.

As respostas dadas pelo cliente nesse estágio fornecem fatos e informações de *background*. Elas também começarão a fornecer, tanto ao coach como ao cliente, uma tomada de consciência sobre o que está afetando o cliente, seu comportamento e sua motivação para partir para a ação.

As perguntas mais efetivas utilizam os pronomes interrogativos:

- O que...?
- Quando...?
- Quem...?
- Onde...?

As perguntas que começam com "por que" e "como" podem ser contraprodutivas ao fluxo da sessão de coaching, pois podem trazer uma crítica implícita e evocar defesa por parte do cliente. Além disso, estas perguntas encorajam à análise e justificativa, mais do que uma exploração aberta.

Em vez de "Por que...?", pergunte: "Qual era a sua motivação...?"

Em vez de "Como...?", pergunte: "Quais eram/são os passos necessários para...?"

O valor de perguntas abertas × perguntas fechadas

Durante a maior parte das sessões de coaching, um coach experiente usará perguntas abertas, em vez de fechadas. A simples diferença entre ambas é:

- Perguntas abertas requerem respostas mais elaboradas e descritivas.
- Perguntas fechadas podem ser respondidas com "Sim" ou "Não".

O objetivo das perguntas abertas é encorajar o cliente a explorar sua experiência através de respostas descritivas.

Através da descrição, o cliente terá a possibilidade de descobrir o significado e o relacionamento entre seus pensamentos e comportamentos. Ele terá a possibilidade de expandir sua própria autoconsciência.

As respostas às perguntas abertas também auxiliarão o coach a desenvolver uma compreensão melhor da situação a partir da própria perspectiva do cliente, permitindo a este responder fora do seu próprio processo conceitual.

Perguntas fechadas também têm seu lugar no processo de coaching. O uso de perguntas fechadas pode estimular o cliente a clarificar afirmações e, também, pode testar seu comprometimento e consentimento para a ação – "Você está preparado para fazer 'determinada coisa' três vezes durante a próxima semana?"

Coaches efetivos começarão suas conversas de coaching com questões bastante abertas. Então, à medida que a conversa progride, suas perguntas terão a intenção de focar em detalhes.

Usando perguntas precisas para descobrir significado

Perguntas precisas podem ser usadas para estabelecer significado e compreensão compartilhada. O objetivo de usar perguntas precisas é entrar sob a superfície do que está sendo dito para descobrir exatamente o que aquilo significa para o cliente. Perguntas precisas trabalham para descobrir as três causas principais de confusão que acontecem em uma sessão de coaching:

- Falta de informação.
- Generalizações.
- Afirmações.

Se estes tipos de afirmações não são clarificados, o coach pode tender a fazer falsas suposições, levando a conversa para direções ineficientes.

OBS.: *Estrutura Superficial* – o que é dito; *Estrutura Profunda* – o significado.

Entrando sob a superfície

Ao usar perguntas precisas, o coach experiente pode:

- Focar no comportamento crítico que não leva ao objetivo desejado.

- Manter o foco do cliente, trazendo os assuntos à sua atenção.

O processo conversacional deveria ser conduzido principalmente pelo cliente, o que possibilitaria ao coach seguir a linha de pensamento do cliente. Um bom questionamento está muito conectado com a qualidade da capacidade de ouvir do coach.

Um coach experiente estará atento ao que o cliente não está dizendo na apresentação da sua posição, dando ao coach a oportunidade de explorar pontos cegos do cliente, usando perguntas tais como: "Eu notei que você não mencionou... (determinada coisa), há alguma razão particular para isso?"

A tomada de consciência pelo cliente de seus pontos cegos pode muitas vezes estimulá-lo a agir. O uso de perguntas como uma ferramenta para influenciar a direção do pensamento do cliente é uma habilidade poderosa que requer que o coach pense, cuidadosamente, sobre sua intenção ao fazer as perguntas.

Quase toda pergunta influenciará o pensamento do cliente. Dessa forma, é importante que a pergunta não contenha qualquer crítica implícita ou percebida, nem force o cliente a fazer escolhas ou a limitar suas opções.

Para demonstrar as diferenças, considere as seguintes perguntas:

"O que fez com que você ficasse tão angustiado naquela reunião?"

×

"O que fez com que você agisse daquela maneira na reunião?"

A primeira pergunta coloca um rótulo no comportamento do cliente, o que não é muito lisonjeiro e é resultado da impressão do coach. É provável que o cliente reaja defensivamente e se envolva numa longa discussão a esse respeito.

A segunda pergunta deixa espaço para uma resposta mais aberta e permite ao cliente pensar no que, possivelmente, o levou ao seu comportamento. Assim, ele expande a sua consciência e obtém opções para se comportar de maneira diferente e mais efetiva no futuro.

É possível, e às vezes pode ser útil, que o coach faça uma pergunta que conduza. No entanto, é importante que ele mostre, de forma transparente, que vai fazer uma sugestão e pedir a permissão do cliente para tal, em vez de conduzir o cliente em direção a alguma solução que o coach pense ser a certa.

Sondagem

A sondagem é outra técnica de coaching usada para investigar a resposta do cliente e é, simplesmente, uma pergunta ou comentário que são feitos para mantê-lo falando e/ou obter clarificação.

A sondagem pode permitir ao coach experiente ir além da resposta inicial do cliente que pode, muitas vezes, ser uma racionalização artificial ou uma resposta socialmente desejada.

"Sondagens" fazem o cliente ir mais fundo em seus pensamentos, permitindo-lhe esclarecer, ao máximo, aquilo que não ficou bem elucidado antes. Elas podem levá-lo a descobertas, ideias e aprendizagem efetiva.

Há quatro tipos de sondagens valorosas no coaching:

- Sondagem silenciosa.
- Sondagem conversacional.
- Sondagem repetitiva.
- Sondagem sobre a última afirmação.

Sondagem "silenciosa": Aqui o coach permanece em silêncio enquanto espera pela resposta do cliente. Esta pode ser a mais desafiante sondagem para o coach.

Como um autor colocou, "Talvez, a coisa mais difícil que um coach tenha que aprender é saber quando calar a boca!" Um período de silêncio é, frequentemente, útil para o cliente explorar suas emoções e pensar sobre um tópico ou situação em particular.

Sondagem "conversacional": Este tipo de sondagem é útil para obter uma imagem mais rica e detalhada de alguma atividade ou experiência do cliente. São perguntas detalhadas e orientadas que geralmente começam com: Quando...? Quem...? O que...?

Sondagem "repetitiva": Este tipo de sondagem encoraja o cliente a falar mais, continuar pensando, "cavando" mais fundo e explorando mais alguma área.

O coach pode apenas continuar perguntando "O que mais?" várias vezes, e obterá resultados espetaculares. Na maioria dos casos, este tipo de sondagem levará a mais ideias e descobertas.

Sondagem "sobre a última afirmação": Aqui, as últimas palavras ou afirmações são usadas com a inflexão aumentada para ganhar clarificação.

O uso de sondagem é uma técnica poderosa, incontestável, e que faz parte integrante do ferramental do coaching efetivo.

FERRAMENTAS

Posições Perceptuais

O ponto de vista que uma pessoa assume no exame de uma situação particular pode mudar completamente seu significado e impacto. Isto também irá determinar a profundidade que ela é capaz de acessar de um estado em particular. Na Programação Neurolinguística – PNL – existem quatro posições básicas de percepção de onde tarefas e relacionamentos podem ser avaliados:

a) *"Primeira Posição"*:	Associado no seu próprio ponto de vista, crenças e suposições, vendo o mundo externo através dos próprios olhos – posição "Eu".
b) *"Segunda Posição"*:	Associado no ponto de vista, crenças e suposições do outro, vendo o mundo externo através dos olhos dele – posição "Você".
c) *"Terceira Posição"*:	Associado em um ponto de vista fora do relacionamento entre você e o outro; o ponto de vista de um observador não envolvido, fora da situação – posição "Eles".

d) "Quarta Posição": Associado na perspectiva do sistema como um todo; como o sistema vê a situação e a interação da perspectiva de todos – posição "Nós".

Posições Perceptuais na Resolução de Conflitos

Posições perceptuais são caracterizadas e expressas pelas palavras-chave: "Eu", "Você", "Eles" e "Nós". Essas palavras-chave são um tipo de "metamensagem" que pode ajudar a reconhecer e direcionar as posições perceptuais que as pessoas estão assumindo durante uma interação. Por exemplo, alguém que, frequentemente, usa a palavra "Eu" quando fala sobre ideias e sugestões, provavelmente está falando do seu próprio ponto de vista, mais do que a pessoa que usa a palavra "Nós". Uma pessoa que está presa em uma perspectiva pode ser levada a mudar de posição perceptual através do uso sutil da linguagem.

Por exemplo: vamos dizer que um membro de uma equipe está sendo muito crítico sobre uma ideia ou plano e diga algo como "Eu acho que isso nunca não vai funcionar", indicando uma reação forte de "primeira posição". O coach da equipe tem muitas opções para guiar esse indivíduo para um ponto de vista diferente.

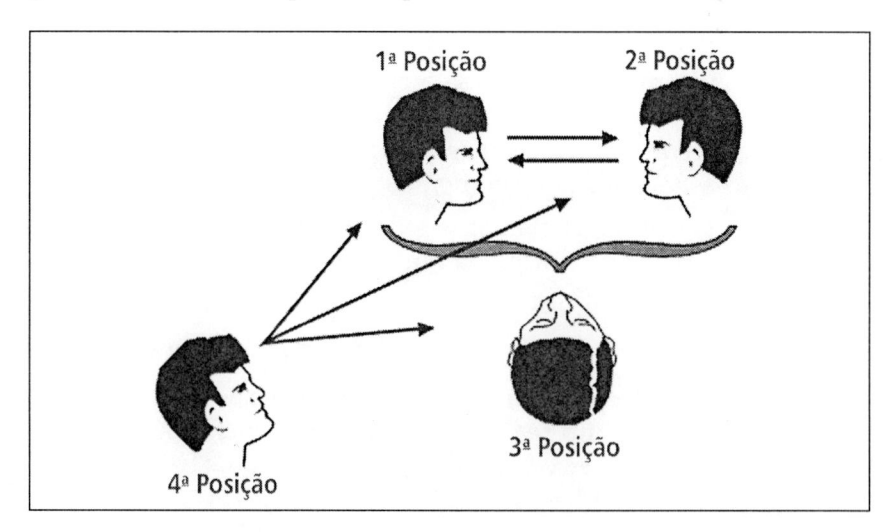

- Para encorajar uma posição mais sistêmica, diga:
  "Eu entendo que você tenha grandes preocupações sobre este plano. Como você acha que nós podemos abordá-lo de modo que funcione?"

- Para guiar a pessoa para a posição de observador, diga:
  "Imagine-se como consultor dessa equipe. Que maneiras sugeriria para que todos trabalhassem juntos mais eficazmente?"

- Para encorajar um indivíduo crítico a ir para a "segunda posição", diga:
  "Coloque-se no meu lugar (ou no lugar de outros membros da equipe) por um momento. Que reações você acha eu teria em relação às suas preocupações?"

Uma das mais importantes habilidades de comunicação para um coach de equipe é a habilidade de mudar seu ponto de vista, de gerar diferentes perspectivas da situação ou experiência. Pratique os passos abaixo para adotar diferentes posições perceptuais:

1. Pense numa situação desafiante que você enfrentou ou vai enfrentar, envolvendo um colaborador em particular. Coloque-se completamente na primeira posição, imaginando que o seu colaborador está na sua frente agora e que você está olhando para ele através dos seus próprios olhos.

2. Agora imagine que você está "nos sapatos" do seu colaborador, olhando para você mesmo, através dos olhos dele. Assuma a perspectiva, crenças e suposições do colaborador, como se você fosse essa pessoa por um momento.

3. Agora veja o relacionamento entre ambos, como se você fosse um observador assistindo a um vídeo dessa interação.

4. Como experimento final, assuma a perspectiva do sistema e considere o que seria o melhor para ele.

Note como o fato de assumir diferentes posições perceptuais muda a sua perspectiva da interação. Que nova consciência você tem agora de você mesmo, do seu colaborador ou da situação? O que você fará de diferente como resultado disso?

CAPÍTULO 6

3º Passo: DEFININDO E ESPECIFICANDO AS METAS DO CLIENTE

> *"Somente com alegria é que a gente realiza bem – mesmo até as tristes ações."*
> Guimarães Rosa

Uma vez estabelecidas, conforme o passo anterior, alternativas para a situação atual do cliente, e desenvolvida uma ideia geral da direção que ele quer tomar, o próximo passo visa refinar essas informações em uma meta específica.

OBJETIVOS

- Apoiar o cliente a desenvolver e/ou polir suas metas específicas.
- Assegurar que a meta escolhida tenha bastante relevância pessoal para o cliente.
- Apoiar o cliente com o desenvolvimento e manutenção do seu foco na meta.

A maioria dos clientes tem uma noção razoavelmente clara da direção que quer tomar, mas raramente articula precisamente suas metas. Provavelmente, faz tempo que o cliente tenha parado para refletir sobre o que ele, na verdade, quer alcançar.

Assim sendo, pode ser que ele venha a criar uma meta a partir do zero ou especifique uma que está, neste estágio, muito vaga e não bem articulada.

Enfatizamos a importância de se escolher uma meta que tenha alta relevância pessoal para o cliente. Numa empresa, por exemplo, fazer coaching com um cliente para atingir uma meta que não seja relevante para seu avanço na carreira não será, a princípio, recompensador tanto para o cliente quanto para o coach. É muito importante garantir que a meta seja importante para ele, num nível pessoal, e não apenas para a organização ou outra pessoa.

Uma vez estabelecida e especificada, a meta vai, então, servir como ponto de foco para as futuras sessões de coaching. O papel do coach é assegurar que essa meta permaneça relevante para o cliente conforme o progresso do programa de coaching.

Abordagens

O coach desenvolve o trabalho de coaching com o cliente desenvolvendo:
- Definições precisas de metas que são colocadas no positivo.
- Metas SMART, PURAS, CLARAS (acrônimos explicados a seguir).
- Meta(s) com alto significado pessoal e relevante para o cliente.
- Medidas que não deixem dúvidas para produção de evidência clara da conquista da(s) meta(s) do cliente.

Dicas

Sem que o cliente tenha metas claras, o relacionamento de coaching pode tornar-se apenas um fórum de discussões e uma oportunidade para o cliente "desabafar".

É absolutamente necessário que o processo de coaching tenha uma intenção clara de apoiar o cliente na definição e alcance de metas que sejam alinhadas com os objetivos pessoais ou organizacionais, quando o processo ocorre dentro de uma empresa.

É interessante notar que muitos executivos que resolvem fazer coaching estão acostumados a desenvolver e gerenciar projetos com alvos estabelecidos, objetivos, produtividade e resultados claros. Entretanto, esses mesmos executivos falham em estabelecer esses marcos ou aplicar essas habilidades de gestão para si mesmos e suas carreiras.

Através do estabelecimento de metas claras e apropriadas, o cliente aprimora suas habilidades de se autorregular, uma vez que as metas aumentam sua motivação para ter ações positivas, alcançar alvos específicos e aprimorar a persistência e o aprendizado. Além disso, metas claras propiciam a autoavaliação do cliente sobre seu progresso, o que é importante, uma vez que coaching é para contribuir para o aprendizado e o desenvolvimento individual.

Em muitas das situações de coaching, nota-se que o cliente tem mais claro e articulado o que ele não quer e de quais situações quer se afastar, do que estabelecer uma meta positiva com a qual possa se comprometer e se direcionar.

É bem provável que o cliente permaneça insatisfeito e não alcance qualquer progresso caso não tenha uma meta clara para o processo de coaching.

HABILIDADES

Definição Clara de Metas

Resultados, alvos, metas, objetivos – todas essas palavras expressam a ideia de ir daqui pra lá – de uma situação presente que está, de certa maneira insatisfatória, para uma situação desejada melhor do que a atual.

Existem dois aspectos em relação aos objetivos:

Reflexão sobre o objetivo – decidir o que você quer numa dada situação.

Orientação para o objetivo – pensar consistentemente nos objetivos e, assim, ter uma direção geral e um propósito na vida. Até que se saiba o que realmente se quer, o que você fizer será a esmo e seus resultados serão aleatórios. A reflexão sobre o objetivo lhe dará o controle sobre a direção para onde está indo.

> A reflexão sobre o objetivo muda a pergunta de
> "O que está errado?" para "O que eu quero?"

A reflexão sobre o objetivo é mais do que uma reflexão sobre a solução. Uma vez que você tenha definido o problema, isso o leva em direção à solução de uma maneira estruturada.

Perguntas com uma orientação para o objetivo são:
- O que você quer?
- O que você quer ao invés da situação atual?
- Que recursos você tem?
- Como você se sentirá quando resolver o problema?

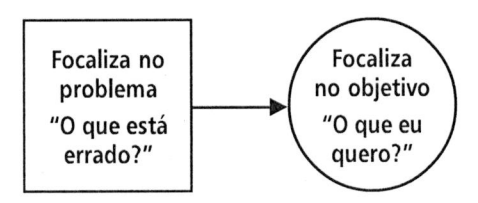

```
┌──────────┐      ╭──────────╮
│Focaliza no│      │ Focaliza │
│ problema │ ───▶ │no objetivo│
│"O que está│     │ "O que eu│
│ errado?" │      │  quero?" │
└──────────┘      ╰──────────╯
```

O oposto de pensar no objetivo é pensar na situação a ser resolvida. Isso o concentra no que está errado. Muitas pessoas ficam perdidas num labirinto de problemas, buscando a história, custo, consequências e quem é o culpado.

Pensar no problema gera perguntas como:
- O que está errado?
- Quão grande é esse problema?
- Há quanto tempo o problema está acontecendo?
- Por que você não o resolveu ainda?
- Por que você o tolera?
- Qual é o pior exemplo desse problema?
- De quem é a culpa?

CAPÍTULO 6 – 3º Passo: Definindo e Especificando as Metas do Cliente

Essas perguntas ou focalizam no passado ou no presente. Elas também fazem com que a pessoa fique completamente associada ao problema e se sinta mal com isso.

Focalizar no problema, frequentemente, induz a um estado sem recursos que o torna ainda mais difícil de lidar.

> **Focalize no que você deseja e o universo irá conspirar para que você o consiga. Mas você tem que acreditar.**

A definição de meta no processo de coaching é essencial e sua formulação é decisiva, uma vez que vai impactar diretamente no alcance da meta.

- A primeira e mais importante característica de uma meta é que o cliente seja, claramente, o dono dela.
- Metas num contexto de negócios são definidas, usualmente, com a organização em mente.
- Também é muito importante que a meta tenha relevância pessoal direta para o cliente.
- A meta deveria sempre ser iniciada pelo cliente ao invés de dirigida por uma força externa, tal como a organização e/ou seus superiores.

Existem vários acrônimos associados à definição de meta cujo propósito é delinear os principais passos requisitados na sua formulação. Esses acrônimos ajudam o coach a trabalhar com o cliente para clarificar a meta.

Assim podemos utilizar os seguintes acrônimos em inglês para dizer que a meta precisa ser:

SMART (inteligente), *PURE* (pura) e *CLEAR* (clara).

"SMART" é, provavelmente, o acrônimo mais conhecido na definição de metas e prevê cinco grandes áreas para uma meta bem pensada:

SMART

- **S**pecific – Específica.
- **M**easurable – Mensurável.
- **A**chievable – Alcançável.
- **R**ealistic – Realista.
- **T**ime bound – Temporal.

A meta precisa ser Específica:

As metas precisam ser formuladas no tempo presente, em uma linguagem que use imagens, sons e sensações, para ativar padrões neurológicos que gerem novos resultados. Devem ser comportamentais e claramente definidas.

É difícil medir o progresso em direção à meta a não ser que ela seja expressa especificamente, com terminologia concreta. É mais provável que o cliente atinja a meta que seja claramente definida do que uma que seja muito geral, já que, no ato de defini-la, o cliente direciona seu foco para um alvo específico.

Temos a tendência de alcançar aquilo em que focamos, ao contrário daquilo em que não colocamos atenção. Isso é porque ao tomar uma decisão consciente de ir em direção a algum alvo, emitimos instruções para nosso inconsciente que irá nos ajudar a trabalhar em direção ao alcance da meta.

O coach, então, trabalha com o cliente para obter respostas para as seguintes perguntas:

1. **O que** você quer alcançar? O que, especificamente, você vai ver? Sentir? Ouvir? Fazer?

"O que" é também usado, nesse contexto, para fazer perguntas que acessam razões específicas por trás do desejo de atingir a meta e o propósito ou benefícios advindos de alcançá-la.

2. **Quem** está envolvido? Trata-se apenas do cliente ou há outras pessoas envolvidas?

3. **Onde** – o contexto pode ser importante uma vez que um comportamento que é apropriado no ambiente de trabalho pode não ser o desejável em casa.

4. **Quando** – é importante definir um prazo ou uma data.

5. **Qual** – perguntas que identificam quais recursos e limitações vão operar no alcance da meta.

A meta precisa ser Mensurável:

O coach trabalha com o cliente para definir o critério concreto, medindo o progresso em direção ao alcance da meta. Quando o progresso é medido continuamente, o cliente sabe quando está no caminho e poderá sentir motivação para a conquista que proporcionará um *momentum* para continuação do esforço.

Para determinar se a meta é mensurável, fazemos perguntas para identificar o critério mensurável:

- Quanto...?
- Quantos...?
- Como você vai saber que conseguiu?
- O que você vai ver, ouvir e sentir? (baseado em critério sensorial).

A meta precisa ser Alcançável:

Metas também precisam ser formuladas de forma que possam ser alcançáveis – podem ser altas para o cliente, mas não além do seu alcance.

- Quando o cliente identifica metas que são importantes para ele, o coach é, então, capaz de trabalhar com o cliente na identificação de passos bem definidos em direção à conquista delas.
- O processo para desenvolver atitude, habilidades e capacidades de alcançar a meta segue quase que automaticamente.
- Oportunidades que foram anteriormente desconsideradas no alcance das metas são reavaliadas.

A meta precisa ser Realista:

- Para ser realista, a meta precisa representar um objetivo que o cliente está querendo e é capaz de se esforçar para alcançá-la.
- A meta pode ser um desafio para o cliente e, também, realista, dentro do contexto da sua vida e, em caso de ser uma meta profissional, dentro do contexto organizacional também.
- Somente o cliente pode decidir a dificuldade que a meta deve ter.
- Algumas vezes uma meta difícil é mais fácil de ser atingida do que uma mais fácil, visto que ela instiga mais força motivacional para o cliente ir em frente.
- A meta é mais realista se o cliente realmente acredita que pode ser alcançável.

A meta precisa ser Temporal:

Para que os clientes possam atingir metas realistas já definidas, é importante não só o planejamento dos passos a serem dados mas, também, a definição precisa do prazo que lhe permitirá o cumprimento de todas as etapas.

A maioria dos clientes vai gostar da fórmula SMART. No entanto, para que o estabelecimento e o alcance da meta sejam fortalecidos, ela também precisa ser "PURE" (pura).

PURE (Pura)

A meta "PURE" tem os seguintes aspectos:

- **P**ositively stated – Expressa no "Positivo".
- **U**nderstood – Entendida.
- **R**elevant – Relevante.
- **E**thical – Ética.

A meta precisa ser expressa no "Positivo".

A minha meta gera imagens daquilo que eu quero ao invés daquilo que não quero?

As metas precisam ser declaradas em termos positivos e com linguagem proativa. O coach trabalha com o cliente para que ele formule a meta e a expresse com palavras positivas.

Uma meta negativa, do tipo "Eu não quero comer demais", cria um ensaio mental desse comportamento. Também se inclui nesta categoria: "Eu quero parar de...", "Eu quero viver sem..."

Por exemplo: se o cliente disser que quer "parar de gastar tempo com reuniões desnecessárias", o coach vai se empenhar para que ele se expresse em termos mais positivos, tais como: "Quero desenvolver um sistema que me torne capaz de aproveitar ao máximo as reuniões das quais venha a participar".

Isso faz com que o cliente pense sobre o que é desejável para ele e também ajuda, tanto ao cliente quanto ao coach, a determinar quando algo for alcançado.

É importante expressar metas com linguagem positiva, já que é praticamente impossível focar em movimentos na direção de coisas que são expressas negativamente. Nossa mente inconsciente trabalha inteiramente com sugestões positivas e foca nossa atenção para alcançar os principais temas das sugestões e instruções. Então, é importante ter o cliente focando no que ele quer, ao invés de no que não quer. Caso o foco não seja motivado positivamente, o cliente tem grandes chances de continuar a ter resultados que não quer.

A meta precisa ser Entendida (pelo cliente):

Para que a meta seja completamente entendida pelo cliente é preciso que ele tenha consciência e reconheça o impacto que obterá ao alcançá-la. O coach, então, tem condições de trabalhar com o cliente explorando todas as implicações provenientes do alcance da meta.

A meta precisa ser Relevante

É importante que a meta tenha relevância e significado para o cliente, de uma maneira profundamente pessoal. Uma das questões mais críticas é o cliente se sentir dono da meta e realmente se importar em alcançá-la. O cliente deve ter suas ações envolvidas pela meta e isto o compelirá a ter responsabilidade pessoal sobre ela.

As metas, num contexto de negócios, são, na maioria das vezes, expressas com a organização em mente. No entanto, é importante que elas também tenham uma relevância pessoal direta e forte para o cliente. Só então ele estará "fazendo o que for" para alcançar a meta.

A meta precisa ser Ética:

Os coaches também devem se assegurar de que as metas estabelecidas pelos seus clientes sejam éticas. Isso é importante para que tanto as necessidades da organização quanto as do cliente sejam satisfeitas mas, também, para que se mantenha um alto nível de profissionalismo.

Próximo acrônimo:

CLEAR (Clara)
    Challenging (Desafiante).
    Legal (Legal).
    Environmentally Sound (Ecológica).
    Appropriate (Apropriada).
    Recorded (Registrada, Escrita).

Desafiante:

A meta está sendo desafiadora? Ela é estimulante?

A meta deve ser suficientemente desafiadora. A fim de que ela não se torne desencorajadora por estar fora de um alcance imediato, é importante dividi-la em pequenas etapas alcançáveis em curto prazo e ao longo do processo, funcionando como se existisse um ímã entre essas etapas e a meta principal. Dessa forma, pequenos sucessos são esperados ao longo do caminho até a finalização de todas as etapas. Isso também serve como ponto de referência para que o cliente seja capaz de reconhecer e comemorar seu progresso.

Legal:

É claro que você não quer infringir a lei. Assim sendo, certifique-se de que a meta e os passos para alcançá-la sejam legais.

Ecológica:

Sua meta faz sentido com seu ambiente, tanto em casa quanto no trabalho? O que você vai ganhar? E perder? Ela é congruente com seus valores?

O cliente terá uma chance muito maior de alcançar a meta expressa se a mesma for ecológica na adequação com sua vida de uma maneira geral.

A meta deve considerar o efeito que a realização dela terá em nível sistêmico, isto é, como vai combinar com as suas outras metas, como vai afetar outras áreas de sua vida, a sua família, o seu ambiente de trabalho etc.

Apropriada:

É uma meta apropriada para você focar? Caso não seja, por que não? O que me impede de alcançar o objetivo? Que efeito positivo a realização desta meta vai gerar na minha vida?

Você precisa identificar que recursos já tem e quais são os que precisa para levá-lo do estado atual para o estado desejado. Faça perguntas como: "Que capacidades e recursos já tenho que me ajudarão a alcançar a minha meta? Que outros mais eu preciso?"

A sua meta precisa ser trabalhada com um enfoque de tamanho adequado. A meta grande demais precisa ser dividida em áreas a serem trabalhadas separadamente.

A sua meta precisa ter opções contingenciais no plano de ação. Ter uma opção é limitante; ter duas opções pode criar um dilema; ter três opções permite a escolha.

Faça perguntas como: "Qual é o meu plano de ação? Como vou lidar com dificuldades ou desafios?"

Registrada (Escrita):

Você escreve suas metas e os passos a serem dados de alguma maneira? Elabora uma "lista de coisas para fazer", um calendário, *check lists*? Seja qual for a sua maneira, finalize seus sonhos escrevendo-os de forma tangível.

Você precisa ter uma evidência de que alcançou sua meta e precisa ter *feedback* durante o processo para se autocorrigir. Faça perguntas como: "Como vou saber que estou conseguindo me aproximar da minha meta? Que evidência vou usar?"

O uso de acrônimos tais como SMART, PURE e CLEAR é uma ótima forma de se certificar de que as metas estão sendo realmente escritas de maneira bem específicas, claras e detalhadas. Uma vez estabelecida uma meta realmente mensurável, você pode criar um plano para ela e alcançá-la efetivamente.

Como você tem definido suas metas? Talvez seja um bom momento de revê-las com um coach. Ele poderá lhe dar uma perspectiva "externa" sobre suas metas e seu progresso.

Estabeleça suas metas e vá em frente!

Níveis Lógicos e Metas

Perguntas do modelo de Níveis Lógicos da PNL para a definição de metas:

Níveis Lógicos	Perguntas para definição da meta
Ambiente:	Quando a meta será alcançada? Onde a meta será alcançada? Onde você estará quando a meta for alcançada?
Comportamento:	Para conquistar a meta, que comportamentos você já possui e quais você precisa desenvolver?
Capacidades:	Para conquistar a meta, que capacidades você já possui e quais você precisa desenvolver?
Crenças e Valores:	Por que esta meta é importante para você? Você acha que é possível atingir a meta? Você acha que merece atingir a meta? Você se sente capaz de atingir a meta? Vale a pena ter esta meta?
Identidade:	Quem é você ao estar alinhado com essa meta? Qual é sua missão?
Espiritualidade, Sistema:	A quem/a que você se sente... • Ligado? • Pertencente? • Compelido a servir? O que o motiva profundamente? Qual é a sua visão?

Guie o cliente para fazer uma representação da experiência em todos os Níveis Lógicos que, conjuntamente, promovem a sustentação da meta.

FERRAMENTAS

Linguagem e Imagens Mentais

O cérebro humano está, continuamente, criando imagens mentais. Esta é uma das maneiras fundamentais de como nos orientamos no mundo que nos cerca. A estruturação mental de imagens permite ao cérebro criar relações entre os objetos no espaço físico que nossos sentidos podem detectar. Baseados nessas imagens, escolhemos como interagir com o mundo.

Alguns princípios de como a mente humana funciona:

Imagem Mental:	A mente cria imagens constantemente!
Dissonância Cognitiva:	A mente procura trazer para a realidade qualquer imagem criada.
O Sistema Reticular Ativador (SRA):	O SRA decide quais estímulos são importantes para focalizar *conscientemente* e quais podem ser processados em nível inconsciente.

Outra maneira de descrever esse processo seria:

Imagens são a fonte primária da escolha de nosso comportamento.

Existem duas maneiras-chave pelas quais a mente recebe os dados dos sentidos com os quais criamos imagens. Uma é pelo que vemos. A outra é pela linguagem que ouvimos, conhecida tecnicamente como Imagem Verbal, e que tem um efeito poderoso no comportamento humano. Como usá-la conscientemente para nos comunicarmos de maneira mais clara?

Quando uma pessoa ouve palavras, o cérebro imediatamente processa esse "dado sensorial" como uma imagem. Frequentemente, a imagem criada no cérebro é contrária à ideia que as pessoas estão tentando comunicar. Na verdade, muitas vezes, é exatamente o oposto! Entretanto, em todas as áreas da comunicação humana torna-se importante, senão crítico, escolher conscientemente palavras para criar o efeito desejado que estamos procurando numa dada situação.

Aqui está uma simples demonstração dessa ideia:

Uma das mais curiosas palavras da língua portuguesa é "não". A curiosidade vem do fato de que, em termos de imagem visual, o cérebro não pode processar a palavra "não". É como se dentro da mente humana a palavra "não" não existisse.

Quando apresentado com um "não", o cérebro imediatamente cria uma imagem que "não" era para ser criada. Você experiencia isso quando tenta "não" imaginar um gorila rosa. O caso mais clássico dessa situação é o exemplo seguinte:

```
A mãe se vira para o filho e diz as seguintes palavras:
"Agora, querido, não derrame seu leite!"
Qual é a imagem visual criada imediatamente na mente da criança?
Claro: leite derramado!
```

Aqui estão algumas das palavras negativas mais usadas:

Não posso, Não, Não devo, Evitar e Nunca.

É útil tornar-se consciente de quando e como você usa essas palavras. Quanto mais consciente você está, mais o seu cérebro começará a oferecer alternativas!

Existe um segundo fator em relação a como nossa mente lida com essas imagens e que é importante entender. O cérebro opera com um processo interno conhecido como Dissonância Cognitiva que trabalha em conjunto com a imagem visual. Uma vez que uma imagem é criada, o cérebro procura transformar aquela visão em realidade.

Com essa ideia em mente, pense no exemplo passado. A criança estava "imaginando" o leite derramando pela mesa. O que você acha que acontecerá depois? Você provavelmente adivinhou. Em alguns segundos, o braço da criança baterá "acidentalmente" no copo e o leite se derramará, porque num nível inconsciente o cérebro, através do mecanismo de dissonância cognitiva, está procurando trazer para a realidade a imagem visual que ele está vendo!

Embora a mãe repreenda a criança por "não prestar atenção", a criança, verdadeiramente, estava prestando muita atenção a, exatamente, o que a mãe disse!

A expressão Imagem Mental é mais útil se for expandida para incluir um aspecto adicional. As imagens que queremos eliminar, frequentemente, contêm o que poderia ser denominado de ações negativas ou consequências. Aquelas que queremos criar são, comumente, positivas. Adicionando essa ideia à primeira, de criar imagens, chegamos à expressão:

Imagens Mentais Positivas

Imagens Mentais Positivas são a meta de qualquer pessoa que está, conscientemente, escolhendo suas palavras para comunicar uma ideia de maneira correta. Aqui está um exemplo para ilustrar este ponto que inclui duas imagens mentais que devem ser ajustadas de imagens negativas para positivas.

```
┌─────────────────────────────────────────────────────────┐
│          Um professor faz a seguinte declaração:        │
│   "Não cometa muitos erros ou você não passará no teste!"│
│      Estão sendo criadas duas imagens: erre e falhe!    │
└─────────────────────────────────────────────────────────┘
```

Ao invés disso, o professor poderia ter falado...

*"Certifique-se de acertar o máximo que você puder,
e você receberá uma nota excelente no teste!"*

Conscientemente, escolher com cuidado que palavras usar pode parecer estranho no princípio. Essa estranheza é resultado de fazer algo diferente do que lhe é familiar.

Fazendo uma analogia, lembre-se da primeira vez que você andou de bicicleta. Isso pode ter sido extremamente estranho no início. Eventualmente, no entanto, foi se acostumando e, então, andar de bicicleta se tornou algo completamente natural para você.

Exercício

- Refaça cada frase usando Imagens Mentais Positivas.
- Escreva suas respostas de acordo com as frases abaixo.

> Frase: "Não saia sem o seu casaco".
> Refazendo: "Lembre-se de levar seu casaco se for sair".

1. "Não olhe para lá".
2. "Tente não se atrasar".
3. "Seja cuidadoso, não torça o tornozelo".
4. "Por favor, complete essa avaliação sem olhar seu caderno, o quadro na frente da sala ou a prova dos outros".
5. "Esteja consciente do perigo de perder a paciência".
6. "É importante evitar áreas escuras na rua, pois vai prevenir que ladrões tenham a oportunidade de atacar você".
7. "Em nenhum momento durante uma emergência, você deve permitir que o pânico e as emoções atrapalhem você".
8. "Evite sair dessa sala por essa porta porque você pode disparar o alarme de incêndio".

Os 10 Auxiliares Linguísticos

A linguagem dirige nossos pensamentos para direções específicas e, de alguma maneira, ela nos ajuda a criar a nossa realidade, potencializando ou limitando nossas possibilidades. A habilidade de usar a linguagem com precisão é essencial para nos comunicarmos melhor.

A seguir estão algumas palavras e expressões que devemos observar quando falamos, porque podem dificultar nossa comunicação.

1. Cuidado com a palavra **NÃO**. A frase que contém "não", para ser compreendida, traz à mente o que está junto com ela. O **"não"** existe apenas na linguagem e não na experiência. Por exemplo, pense em "não"... (não vem nada à mente). Agora

vou lhe pedir que "não pense na cor vermelha". Eu lhe pedi para não pensar no vermelho e você pensou. Procure falar no positivo, o que quer e não o que não quer.

2. Cuidado com a palavra **MAS** que nega tudo que vem antes. Por exemplo: "O Pedro é um rapaz inteligente, esforçado, mas..." Substitua **MAS** por **E** quando indicado.

3. Cuidado com a palavra **TENTAR** que pressupõe a possibilidade de falha. Por exemplo: "Vou tentar encontrar com você amanhã às 8 horas". Tenho grande chance de não ir, pois vou "tentar". Evite "tentar", **FAÇA**.

4. Cuidado com as palavras **DEVO, TENHO QUE** ou **PRECISO**, que pressupõem que algo externo controla sua vida. Em vez delas use **QUERO, DECIDO, VOU**.

5. Cuidado com **NÃO POSSO** ou **NÃO CONSIGO** que dão a ideia de incapacidade pessoal. Use **NÃO QUERO** ou **NÃO PODIA, NÃO CONSEGUIA**, que pressupõem que vai poder ou conseguir.

6. Fale dos problemas ou descrições negativas de você mesmo, utilizando o **tempo do verbo no passado** ou acrescente **AINDA** (que pressupõe que vai mudar). Isto libera o presente. Por exemplo: Em vez de "eu tenho dificuldade de fazer isso", diga "eu tinha dificuldade". "Não consigo ainda".

7. Fale das mudanças desejadas para o futuro utilizando o **tempo do verbo no presente**. Por exemplo, em vez de dizer "vou conseguir", diga "estou conseguindo".

8. Substitua **SE** por **QUANDO**. Por exemplo: em vez de falar "se eu conseguir ganhar dinheiro, vou viajar", fale "quando eu conseguir ganhar dinheiro eu vou viajar". "Quando" pressupõe que você está decidido.

9. Substitua **ESPERO** por **SEI**. Por exemplo, em vez de falar "eu espero aprender isso", fale: "eu sei que vou aprender isso". "ESPERAR" suscita dúvidas e enfraquece a linguagem.

10. Substitua o **CONDICIONAL** pelo **PRESENTE**. Por exemplo, em vez de dizer "eu gostaria de agradecer a presença de vocês", diga "eu agradeço a presença de vocês". O verbo no presente fica mais concreto e mais forte.

CAPÍTULO 7
4º Passo: INSTIGANDO OPÇÕES DO CLIENTE

Se você pode sonhar, você pode fazer...
Walt Disney

Tendo decidido a respeito de uma meta específica no 3º Passo, o ponto nesse estágio é explorar um grande leque de diferentes opções para o cliente alcançar suas metas.

OBJETIVOS

- O coach deve encorajar e estimular o cliente a considerar e desenvolver um espectro amplo de opções (comportamentais).
- Encorajar o cliente a sair da "trilha batida" – sua série normal de comportamento, explorar novas possibilidades e opções que poderiam levá-lo à sua meta.
- O propósito desse passo não é encontrar a opção "correta", mas estimular o cliente a desenvolver uma série de opções para alcançar sua meta.
- Nesse exercício não se chega a uma opção apenas. Não importa o apelo aparente que tenha; nenhuma opção deveria passar a ser o único ponto de foco de atenção nesse estágio.
- A quantidade, a inovação e a variedade de opções são mais importantes do que a qualidade e/ou viabilidade das mesmas.

Nesse estágio, é particularmente importante que o coach crie uma atmosfera descontraída e, mais importante ainda, livre de julgamentos para o cliente se sentir à vontade com o processo de pensamento criativo, de exploração e projeção.

É produtivo encorajar o cliente a combinar e refinar suas várias opções, combinando duas ou mais existentes, para gerar uma nova opção não imaginada previamente.

ABORDAGENS

O coach...

- Exibe confiança no processo e trabalha com o cliente para desenvolver caminhos alternativos para chegar à meta desejada.
- Usa um amplo espectro de estilos de questionamento e outras técnicas que estimulam o cliente a gerar opções.
- Propicia espaço e tempo para o cliente desenvolver uma série de opções.
- Garante que as opções sejam do cliente e ele se sinta dono delas.

Técnica de Estimulação do Objeto

Aqui se pede ao cliente para descrever um objeto e usar as descrições como um estímulo não relacionado para encorajar opções inovadoras.

Exemplo:

O cliente escolhendo uma caneca de café como o objeto que ele quer descrever. Inicialmente, a descrição pode ser focada nas características imediatamente observáveis, tais como perfil e cor. Em seguida, descrevendo o uso da caneca no dia a dia. Durante o processo, o coach fica na maior parte do tempo em silêncio, mas pode perguntar ao cliente a respeito de determinadas descrições. O cliente pode, de repente, começar listando um monte de alternativas para o uso da caneca e, após um "clique" que deu em sua cabeça, começou a perceber como ele se autolimita quando coloca o foco apenas no óbvio.

Estimulação de objeto pode ser eficaz para incentivar clientes a sair de suas "trilhas batidas", usando estímulo não relacionado e ativando associações.

Usando Metáforas

- Desloque o foco de atenção do cliente para um caráter na estória.
- Faça uma ligação com a questão do cliente, estabelecendo comportamentos e eventos entre os caracteres da estória que são similares aos da sua situação.
- Sugira ideias para o cliente considerar dentro do contexto da estória.
- Conclua a estória de forma que a sequência de eventos leve os personagens a resolverem o conflito e a alcançarem o resultado desejado.

Dicas

Nesse estágio é essencial que o coach restrinja sua própria colocação conceitual e seja totalmente focado no encorajamento do cliente com a geração de tantas opções criativas quantas forem possíveis.

No decorrer do atendimento ao cliente, se o coach com experiência em uma área específica tiver ideias para opções em potencial, é aconselhável anotá-las. Conforme o processo progride, apresentando-se uma oportunidade adequada, ele poderá mencionar sua vivência em uma experiência passada e fazer uma oferta ao cliente: "Você estaria interessado em escutar o que aconteceu comigo e como funcionou?". Dessa forma, a *expertise* do coach é dada, mas somente depois que recebeu permissão do cliente para contribuir com uma informação sua.

Mais uma vez, apesar de o coach poder fazer pequenas contribuições durante o processo, é crucial que o cliente desenvolva um sentimento de ser "dono das opções". O trabalho do coach se restringe a apoiar o cliente através do processo.

Autogeração de opções:

- Você tem que lembrar que a aspiração do coaching é ter o cliente ajudando a si próprio.

- Se você se apressar apresentando novas estratégias, estará plantando problemas para mais tarde.
- Como um coach experiente nos disse uma vez "é necessário resistir à vontade de prestar ajuda ao cliente. Se auxiliá-lo agora, estará limitando suas possibilidades de que, no futuro, ele queira assumir a responsabilidade de gerar suas próprias soluções, estabelecendo-se, então, uma dependência". Se você tem uma ideia que seja válida, a melhor coisa é rotulá-la como tal e, então, estimule o cliente a construir sobre ela.

Confie no processo:
- É importante demonstrar paciência e resistir à tentação de apressar.
- Algumas vezes pode parecer difícil, mas você só tem que ficar quieto.
- As pausas são vitais para permitir que o cliente apresente novas opções e seja responsável por suas ações futuras.

HABILIDADES

Desenvolver e Usar a Intuição

Quando o coach atinge um alto nível de experiência, em muitas ocasiões, após completar uma sessão de coaching com sucesso, ele não será capaz de explicar por que fez uma pergunta específica em um dado momento.

Tipicamente, isso será explicado assim: "apenas parecia a coisa certa a fazer naquela hora".

Algumas características de um excelente coach não podem ser explicadas meramente apontando sua *expertise*, experiência e as habilidades essenciais de coaching, tais como a de ouvir e fazer perguntas.

O outro componente que precisa ser considerado é a intuição no coaching.

Saber que perguntas fazer, ou que parte do *feedback* oferecer e quando ir mais a fundo podem ser atribuídos à experiência e ao reconhecimento de padrões. No entanto, algumas vezes, um cliente se refere à pergunta feita pelo coach como "inspirada". Ele pode, também, mencionar uma conversa em particular como "o momento que pareceu desbloquear/clarear a situação para mim".

Nem o cliente nem o coach podem, conscientemente, explicar exatamente o que aconteceu, mas o cliente sabe que aquilo foi um ponto ou uma questão fundamental. Tal inspiração do coach pode ser atribuída à intuição.

O que é intuição?

Intuição é a habilidade de ver e sentir o que não é imediatamente óbvio.

Recentemente tem ressurgido o interesse pela intuição em diversas disciplinas, desde a engenharia à psicologia, aos negócios e ao gerenciamento. A razão por esse interesse renovado pode ser devida à tomada de consciência de que os desafios enfrentados por uma sociedade em rápida mudança são muito complexos para serem resolvidos apenas por pensamento racional e que a inteligência é composta por mais do que uma dimensão racional.

O pensamento racional é analítico, linear e tende a favorecer o raciocínio dedutivo, enquanto que a intuição é mais uma "visão global", holística e favorece o raciocínio indutivo.

Intuição é, portanto, o termo aplicado para descrever as maneiras sobre as quais ganhamos acesso para usar um amplo espectro do potencial de nosso cérebro, sem as limitações do nosso pensamento lógico. Intuição combina experiência e informação de um amplo segmento de fontes, incluindo fontes emocionais, físicas e instintivas – algumas delas parecem estar fora da faixa normal de percepção da consciência.

> A Intuição permite-nos, rapidamente, integrar e lidar com dados da experiência passada, observação do presente e antecipação do futuro para fazer sentido em uma situação complexa em nível inconsciente.

À medida que sua habilidade de coaching se desenvolve, seus sentidos intuitivos se expandem e lhe fornecem um dos elementos-chave da excelência em coaching.

É provável que grande parte da intuição dependa do processamento visual e da velocidade na qual a informação é processada. A linguagem da imaginação, dos sonhos e da fantasia é predominantemente visual, indicando sua fundamental importância como um modo primário de pensar.

Pesquisadores têm investigado o processo da intuição examinando a capacidade de pessoas que demonstram níveis excepcionalmente altos de intuição, tais como "mestres de xadrez", que podem jogar e vencer mais de 50 oponentes, ao mesmo tempo. Quando perguntados como é possível jogar dessa maneira, eles relacionam isso à sua habilidade profissional e intuição. O que acontece é que os grandes mestres jogam tão frequentemente que reconhecem o processo em "padrões" e "blocos", formando a base para decisões intuitivas.

A estrutura mental dos mestres de xadrez não somente organiza as peças, mas também sugere quais linhas de jogo devem ser exploradas ao verem o que acontecerá como consequência dos movimentos. Decisões intuitivas acontecem muito mais rapidamente do que aquelas que requerem esforço cognitivo e, daí, o jogador experiente gasta muito menos tempo explorando linhas improdutivas de jogo do que o novato.

O processo intuitivo deriva de conhecimento e experiência passada para interpretar eventos presentes e prever ações futuras.

No contexto do coaching, o coach experiente está numa posição similar à dos mestres de xadrez. Eles são capazes de acessar intuitivamente os departamentos da experiência, conhecimento e sabedoria, em velocidade e maneira que desafiam a lógica.

Ditado Zen: "O primeiro pensamento é o melhor pensamento".

Coaches experientes vão usar a intuição em diferentes situações dentro do trabalho de coaching, permitindo que seus pensamentos intuitivos dirijam o curso de seu questionamento focando em questões específicas, enquanto se protegem evitando conclusões precipitadas.

Os coaches podem usar sua intuição para checar a congruência:

- Comparando o que está sendo dito com outra forma de comunicação do cliente.
- Observando o que o cliente está fazendo ou como está sentado.
- Assegurando-se de que as palavras e ações do cliente estão se encaixando.
- Confirmando o comprometimento do cliente em relação ao que está sendo dito.

O coach está apenas interessado no espaço entre as palavras. Explora o que não está sendo dito, aceitando, intuitivamente, que pode trabalhar com pouca coisa ou sem informações conscientes disponíveis. Ele permite que sua intuição o guie numa determinada direção, mesmo sem ter certeza de aonde irá chegar. Renuncia ao movimento em direção a um resultado específico para cada parte do processo – "as coisas apenas acontecem, respeitando o fluxo do processo" – evitando direcionar o cliente para um determinado resultado.

O uso da intuição em um relacionamento de coaching pode enriquecer o processo de coaching e levar a *breakthroughs* (avanços significativos). No entanto, é importante que o coach se proteja contra qualquer ideia preconcebida e conclusões prematuras.

O coach precisa ouvir e reconhecer a intuição. Ele deve usá-la adequadamente, escrevendo uma ideia logo que ela surja, permitindo, assim, a disponibilidade de voltar a ela num estágio posterior, caso tenha mais informações para relacionar.

Como "afiar" sua intuição?

Intuição é uma capacidade humana básica que pode ser desenvolvida e "afiada" desde que os passos do processo sejam compreendidos.

Um dos desafios na compreensão e no estudo da intuição é que ela é um processo silencioso e inconsciente. Não é possível perguntar a uma pessoa intuitiva "O que é que você está fazendo?", porque ela, provavelmente, não tem consciência dos passos exatos. A maior compreensão vem da observação, da aplicação da intuição e das ações resultantes.

No dia a dia da vida, somos encorajados a pensar e agir racionalmente, de modo que muitas coisas contribuem para a supressão da intuição. Separando um tempo para refletir e contemplar, o coach permite a si mesmo "entrar em sintonia" com sua intuição. Esta habilidade de "sintonizar" é como achar a sintonia de uma estação de rádio – os sinais estão sempre lá, e não são recebidos a não ser que o botão seja girado para um canal especial.

Para criar o tempo e o espaço necessários para praticar a intuição, o coach pode usar uma variedade de táticas. Por exemplo: passeios, caminhadas, observar a natureza, técnicas de relaxamento mais deliberadas como meditação e yoga etc.

Ao se tomar consciência de como a intuição funciona, novas conexões cerebrais se desenvolvem, aprimorando a receptividade à intuição e, potencialmente, aprimorando a criatividade.

Intuição é uma importante competência, embora não seja a mais importante, e deve ser desenvolvida por qualquer um que esteja buscando se tornar um expert em coaching. O propósito do uso da intuição é servir como um complemento à abordagem sistemática de coaching.

Apenas combinando todas as competências, fontes e informações pode uma pessoa se tornar um coach num nível mais efetivo.

Ferramentas

Modelo GROW

Com base no acrônimo GROW (do inglês "to grow" – crescer) estabelece-se uma série de perguntas para posicionamento no processo de definição de metas.

Goals (Metas), **R**eality (Realidade), **O**ptions (Opções), **W**hat/**W**hen (O que/Quando)

I. Metas

1. Qual o seu foco? O que você quer? Quais suas metas?
2. Onde você quer estar daqui a 1, 3 ou 5 anos?

3. O que você quer que aconteça que não está acontecendo agora?
4. O que você quer conseguir com essa sessão?
5. O que você quer diferente na sua vida?

II. Realidade

1. Onde você está nesse momento? Perto ou longe da sua meta?
2. Qual é a percepção que as pessoas têm de você?
3. Quais são os fatos? O que está acontecendo?
4. Que outros fatores são relevantes?
5. Como os outros percebem essa situação?

III. Opções

1. O que funcionou para você no passado?
2. Quais são suas alternativas?
3. O que pode fazer para mudar a situação?
4. Liste 20 ações para resolver (10 delas as mais ridículas possíveis).
5. Quem pode ajudar você?
6. De quais opções você gosta mais? Qual o custo-benefício dessas opções?
7. Qual opção vai escolher?

IV. O que/Quando

1. Quais os próximos passos?
2. Quando vai agir?
3. O que pode bloquear seu caminho? O que pretende fazer para ultrapassar as barreiras?
4. De que apoio você precisa?
5. Como vai conseguir esse apoio?

CAPÍTULO 8

5º Passo: AVALIANDO AS OPÇÕES

> *Correndo em busca do prazer, tropeça-se com a dor*
> Charles de Montesquieu

Tendo gerado uma abrangente lista de opções para alcançar a meta desejada pelo cliente no 4º Passo, a próxima etapa é, sistematicamente, avaliar as opções e priorizá-las para o plano de ação.

Desenvolvimento de Foco

Depois do estabelecimento das metas, este é o próximo estágio em que o coach pode guiar o cliente para o desenvolvimento de foco. Desenvolver o foco do cliente é essencial em meio às complexidades do dia a dia da vida e responsabilidades do cliente. Sem um foco bem definido na ação, é improvável que o cliente seja capaz de efetivamente ir para a frente.

Tem sido notado que mesmo aqueles executivos que têm a habilidade de avaliar as opções para os objetivos do negócio, frequentemente encontram dificuldade de aplicar as mesmas técnicas em seu próprio desenvolvimento. Eles são bem conscientes das técnicas, mas, muitas vezes, não são capazes de, prontamente, empregá-las em seus próprios planos.

O coach serve para lembrar ao executivo suas habilidades e encorajá-lo a aplicá-las em sua própria situação pessoal.

OBJETIVOS

- Identificar a lista de critérios contra os quais as opções do estágio anterior podem ser avaliadas.

- Avaliar as opções em relação aos critérios.
- Identificar as prioridades.

O coaching aqui é focado em apoiar a identificação de critérios para avaliação de opções, o que deve ser feito pelo cliente. A natureza exata dos critérios vai depender, é claro, da situação ou questão que está sendo abordada através do coaching.

Uma vez que o cliente tenha identificado os critérios, ele pode, então, usar uma matriz, como veremos mais à frente.

Abordagens

O coach deve...

- Encorajar o cliente a desenvolver seus próprios critérios para avaliação de opções.
- Garantir a propriedade real do critério de avaliação, uma vez que isso forma a base sobre a qual as opções são escolhidas ou rejeitadas.
- Usar o tempo necessário para sentir o cliente desenvolver uma avaliação completa da opção.
- Garantir que as opções-chave e sua avaliação sejam registradas por escrito para referência futura.

Dicas

- É muito importante que o cliente esteja comprometido com a ação. Alguns clientes colocam seu plano escrito em um lugar de destaque, servindo como lembrete do alicerce sobre o qual eles tomam suas decisões.
- Use uma estrutura de sistema de pontos para ajudar o cliente a avaliar as opções (veja em Ferramentas).
- Certifique-se de que a tabela de avaliação seja escrita e guardada para referência futura.

HABILIDADES

Dar feedback *efetivo ao cliente*

O coaching efetivo é um processo colaborativo, onde o coach e o cliente trabalham juntos para alavancar a ação em direção à conquista dos objetivos do cliente.

Ouvir bem e fazer perguntas criativas ao cliente são competências-chave importantes, mas ambas são técnicas não diretivas. Isoladamente, não são suficientes para apoiar o cliente a alcançar os objetivos desejados.

Portanto, o coaching efetivo também requer que o coach use, ocasionalmente, técnicas diretivas mais fortes para adaptá-las às necessidades do cliente.

O coaching efetivo é um equilíbrio entre técnicas não diretivas e diretivas, tais como:

- Ouvir e entender o cliente.
- Refletir sobre o que foi ouvido.
- Oferecer ao cliente *feedback* apropriado.

Dar *feedback* ao cliente é uma técnica diretiva, na medida em que envolve o coach fazendo afirmações diretas e observações, enquanto que ouvir e entender o cliente e refletir sobre o que foi ouvido são técnicas não diretivas.

Mais cedo ou mais tarde, durante o processo de coaching, o cliente pedirá o *feedback* sobre o que o coach ouviu e observou.

O que é *feedback* efetivo?

Em qualquer comunicação entre duas pessoas, haverá períodos em que cada uma estará dando ou recebendo *feedback*. Simplesmente fazer uma afirmação ou notar a afirmação de outra pessoa são formas de *feedback*.

No entanto, no coaching é responsabilidade do coach dar *feedback* ao cliente com propósito e intenção positiva.

Objetivos do *feedback* positivo no contexto de coaching

- Criar e aumentar a consciência do impacto que o cliente tem nos outros.
- Criar um maior nível de autocompreensão do cliente.
- Desenvolver habilidades e/ou uma ideia do cliente.
- Modificar o comportamento do cliente.
- Encorajar o cliente para uma ação produtiva.
- Aumentar o nível de autoconfiança do cliente.
- Aumentar o nível de bem-estar do cliente.

Sempre, no processo de coaching, é essencial que o *feedback* focalize fatos e comportamentos observáveis, ao invés de ser uma reflexão pessoal do coach a respeito do cliente.

O objetivo geral: oferecer um *feedback* relevante no ponto mais efetivo do processo de coaching.

Como dar *feedback* efetivo

Dar *feedback* efetivo pode ser uma das mais desafiantes áreas do coaching – particularmente no início da carreira de coaching. Muitos coaches podem, inicialmente, não se sentir seguros de suas competências de coaching.

Muitos precisarão passar por um período de aprendizagem até que, genuinamente, se sintam confortáveis em oferecer *feedback* efetivo aos seus clientes.

No entanto, coaches experientes reconhecem que uma parte essencial de seu papel é desafiar e, às vezes, motivar o cliente. Para desenvolver e manter o movimento em direção à meta, é importante que o coach dê *feedback* e que seja honesto, porém não julgador.

No contexto de um relacionamento mutuamente respeitoso, o coach, mesmo transmitindo uma mensagem "dura", pode dar seu *feedback* de maneira cortês e respeitável.

Identificamos sete características de *feedback* no contexto do coaching

1. Baseado em observações concretas em vez de opiniões ou julgamentos.
2. Factual e objetivo em vez de avaliativo ou subjetivo.
3. Oferecido próximo a uma situação específica em vez de um longo lapso de tempo.
4. Comportamental em vez de pessoal.
5. Específico em vez de geral.
6. Criativo em vez de analítico.
7. Apoiador em vez de defensivo.

Um dos mais simples modelos para dar *feedback* é chamado de *Feedback Sandwich*, que segue três estágios:

- O que foi bem.
- O que pode melhorar.
- Qual o ganho com a melhora.

Este modelo é frequentemente usado em reuniões de avaliação de performance e achou seu caminho no coaching. Uma desvantagem que pode ocorrer é que a pessoa que está recebendo o *feedback* não o assimile se o mesmo tiver sido passado no meio de outras informações. Nesse caso, o coach pode ajudar o cliente perguntando: "O que você fará de diferente na próxima vez?"

O ciclo mais efetivo de *feedback* para o coaching tem cinco fases distintas

1. ***Observação:*** Primeiro o coach oferece um sumário de suas observações e reflexões sobre o que notou e ouviu.
2. ***Afirmação de efeito:*** O coach explica que impacto isto teve nele ou pode ter nos outros, usando frases como: "Eu notei que você..." ou "Isto teve este efeito em mim..."

Isto pode representar um importante primeiro passo na aprendizagem e desenvolvimento do cliente, na medida em que ele aumenta a consciência do impacto de seu comportamento nos outros.

3. **Insights *Compartilhados*:** O coach e o cliente compartilham *insights* sobre o impacto e as consequências potenciais das ações e comportamentos do cliente.
4. ***Sugestões para ação*:** O coach oferece sugestões concretas e factíveis, de tal maneira que o cliente tenha uma clara imagem de alternativas comportamentais.
5. ***Questionamento*:** O coach faz perguntas abertas com o propósito de alavancar o cliente para uma ação concreta.

FERRAMENTAS

Matriz para Avaliação do Critério de Opções

Dando pontos para cada opção contra o grupo de critérios do cliente, tem-se uma visão mais clara dos pontos fortes e fracos de cada uma das alternativas de opções.

Uma vez que a matriz tenha sido desenvolvida, pede-se ao cliente para avaliar cada opção usando um sistema de pontuação de 1 (um) a 10 (dez), onde 1 (um) é baixo e 10 (dez) é alto. Uma vez que todas as opções tenham sido avaliadas, somam-se os pontos e o total é calculado. Aquela com o número mais alto deverá ser considerada prioritariamente.

	Avaliação critério 1	Avaliação critério 2	Avaliação critério 3	TOTAL
Opção 1				
Opção 2				
Opção 3				

O uso da matriz é apenas uma das várias maneiras pelas quais as opções podem ser avaliadas.

Análise da Força do Campo

É o método usado para listar, debater e avaliar as várias forças a favor e contra a mudança proposta. Quando uma mudança é planejada, a análise ajuda a olhar para o quadro geral, pesando os prós e os contras, e analisando todas as forças que causam impacto sobre ela.

Estratégia:

Sabendo os prós e os contras, você pode desenvolver estratégias para reduzir o impacto de forças opostas e fortalecer as forças de apoio.

- "Forças Propulsoras": Forças que o ajudam a alcançar uma mudança.
- "Forças Restritivas": Forças que trabalham contra a mudança.
- Análise: Usada para desenvolver plano de ação e implementar mudança.

Propósito:

- Determinar se uma proposta de mudança pode receber o apoio necessário.
- Identificar obstáculos ao sucesso das soluções.
- Sugerir ações para reduzir a força dos obstáculos.

Técnicas e Táticas:

A escolha de técnicas e táticas vai depender do estilo preferido do cliente e do coach. Todavia, qualquer que seja o resultado do emprego dessas técnicas e táticas que foram elaboradas como apoio ao debate, a escolha final é o resultado de toda a conversa do coaching.

O cliente pode decidir por mais de uma opção. O próximo passo é decidir a ordem em que ele as implementará no plano. As prioridades devem ser definidas pelo cliente, porém o coach pode guiá-lo fazendo perguntas tais como:

- "Qual das opções, se você fosse segui-la, teria o maior impacto na sua situação atual?"

Estudo de caso: "Encontrando a combinação perfeita de trabalho"

A Unidade de Negócios Orion passou por uma revisão pela matriz da organização.

- Ao final da revisão eles decidiram terceirizar e fechar a Unidade Orion.

- Alguns dos gerentes de unidade receberiam uma oferta para se juntarem a outras partes dos negócios da companhia matriz, mas a maioria seria despedida e receberia indenização.

- João foi um dos gerentes afortunados que recebeu uma chance de mudar para outra parte da organização em uma cidade diferente.

- João sentiu-se profundamente humilhado durante todo o processo de revisão e decidiu procurar a assistência particular de um coach executivo para trabalhar com ele desenvolvendo opções para o progresso em sua carreira.

João quis se concentrar no desenvolvimento de suas metas profissionais.

- Ele falou para seu coach que objetivava ser Gerente Geral de uma organização aos 42 anos de idade.

- Isso significa que ele tinha outros quatro anos para alcançar sua meta profissional e, provavelmente, necessitaria, nesse tempo, de uma ou mais mudanças na carreira para poder ganhar a experiência necessária.

- Seu primeiro passo foi atualizar seu currículo e falar com alguns *head hunters* sobre opções em potencial para ele no mercado atual.

Num espaço de duas semanas, duas posições em potencial foram oferecidas a João em novas organizações.

- Todavia, na sessão seguinte de coaching, ele havia resolvido permanecer na organização atual onde havia acabado de passar por uma revisão de fechamento de unidade, considerando ser esta sua melhor opção.

Ele explicou que, no entanto, não se sentia absolutamente certo sobre essa decisão e que estava levemente apavorado de sair e ter que passar por um novo processo de afirmação em um novo ambiente organizacional.

Para ajudá-lo a fazer a melhor escolha, seu coach sugeriu que ele desenvolvesse uma lista de critérios para avaliar as várias opções. Depois pediu a João para avaliar cada opção em relação a cada critério, numa escala de 1 a 10.

Lista que foi desenvolvida na sessão de coaching

Critérios	Organização A	Organização B	Organização C
Chances de tornar-se gerente geral	8	6	8
O trabalho	4	8	8
Desenvolvimento profissional	8	4	5
Qualidade de vida	6	6	5
Localidade	7	9	1
Nível hierárquico	4	9	5
Compensação	6	5	9
Glamour do mundo de negócios	8	4	9
Trabalho prazeroso	8	3	6
Riscos profissionais	8	2	5
Totais	67	56	61
Ranking	1	3	2

Quando João viu a tabela, ficou surpreso com o resultado. A Organização C era sua organização atual e ainda não era a número um na lista. Quando começou a refletir, notou que tinha ficado cego pelo tamanho do pacote salarial em combinação com o fator *glamour* do negócio. Outros fatores, tais como desenvolvimento profissional, ficaram no banco de trás. João estava percebendo somente os resultados imediatos e os benefícios de curto prazo, sem considerar o impacto na progressão de sua carreira a longo prazo.

Ele ficou surpreso por ter chegado tão perto de tomar a decisão "errada". Estava muito acostumado a avaliar opções em negócios, mas nunca havia pensado em aplicar as mesmas técnicas para decisões pessoais. Ele ficou pensando até a sessão seguinte, quando explicou que os resultados realmente começaram a ser incorporados e a fazer sentido. Agora João está com a organização A e muito satisfeito com sua escolha.

CAPÍTULO 9

6º Passo: ELABORAÇÃO DO PLANO DE AÇÃO

> *Existem duas grandes forças em ação: externas e internas. Temos muito pouco controle sobre as forças externas como tornados, terremotos, enchentes, desastres, doença e dor. O que realmente importa é a força interna. Como eu respondo àquelas catástrofes? Sobre isso eu tenho completo controle.*
>
> Leo Buscaglia

Nesse estágio o coach busca apoiar o cliente a se comprometer com um plano de ação, conduzindo-o no caminho da ação sobre o seu plano.

O desafio é traduzir os aprendizados das sessões anteriores de coaching para a prática do dia a dia, fazendo uma ponte entre o aprendizado e o fazer, levando o cliente a entrar em ação.

O *design* do programa de ação adequado não é uma coisa que só ocorre nos estágios finais do programa de coaching. O coach estará assistindo o cliente a planejar ações concretas nas suas atividades diárias.

Agora, como conclusão das abordagens de comprometimento do coaching, é importante que o cliente tenha um plano de ação para continuar quando o coach não mais estiver presente trabalhando com ele.

Tendo em vista a conclusão do relacionamento do coaching, a elaboração desse plano de ação pós-coaching pode ser vista como parte da preparação para um bom desfecho deste relacionamento.

O coaching é desenhado para ser uma intervenção de curto prazo que não cria dependência do coach.

OBJETIVOS

- Obter do cliente o compromisso com seu plano para entrar em ação.
- Identificar as ações concretas e técnicas que vão dar apoio ao cliente para se mover na direção da conquista de suas metas.

Ao final de cada sessão é importante que o cliente se comprometa a realizar as ações específicas já acordadas e identificadas.

Na prática, o desenvolvimento e o progresso real do cliente devem ocorrer no intervalo entre as sessões de coaching onde a estrutura das ações foi estabelecida.

As ações que foram acordadas para o "intervalo entre as sessões" podem ter vários objetivos, tais como:

- Realização pelo cliente das ações especificadas no trabalho.
- Experimentar comportamentos alternativos.
- Ter *insights*.

Muitas vezes, os passos iniciais para a mudança do comportamento podem ser encarados como muito difíceis pelo cliente, fazendo com que ele se sinta tão sobrecarregado com a tarefa que não consiga começar a agir.

- Isso pode ser superado dividindo uma meta grande em pequenos passos alcançáveis, para que seja menos pesado dar os primeiros passos para conquistá-la.
- Os pequenos passos são como uma construção em direção ao alcance de marcos críticos que colocarão o cliente no rumo de uma meta maior.
- Dando e vencendo pequenos passos e recebendo *feedback* de sucesso, o cliente sente-se motivado para continuar em direção à sua meta.

Dicas

Apoiar o cliente para fazer o detalhamento.

- O que é necessário para alcançar a meta desejada?
- Quais são as possíveis barreiras?
- Que recursos são necessários para a implementação?
- Os prazos?
- Uma das principais razões pelas quais alguns clientes não alcançam suas metas é o fato de não dedicarem tempo para planejar e considerar, exatamente, o que é preciso fazer de diferente em suas atividades regulares para alcançá-las.
- Um plano de ação detalhado é como um mapa que permite checar os marcos ao longo do caminho em direção ao objetivo.

Apoiar o cliente para fazer um detalhamento, por escrito, de seus planos de ação.

- Isso serve como evidência concreta do comprometimento do cliente para entrar em ação.
- Serve como memorando dos passos a serem dados.
- Checando seu próprio plano de ação, o cliente é capaz de reconhecer e comemorar marcos alcançados no caminho da conquista da meta.

No final de cada sessão, o coach, de comum acordo com o cliente e com total compromisso deste, deverá estabelecer um acordo dos pequenos passos a serem dados antes da próxima sessão.

- Isso assegurará resultados contínuos e tangíveis durante o programa de coaching, criando e ajudando a manter o *momentum* no intervalo das sessões.
- Enriquecer a confiança do cliente para alcançar sua meta através de suas próprias ações.

Rever o progresso e renovar o comprometimento com o plano de ação em cada sessão.

- Isso assegura o *momentum* e fornece confirmação de que as ações estão *no trilho*.

- Notando o progresso conquistado até o momento presente e desafiando e superando quaisquer barreiras ao sucesso, o coach ajuda a manter o cliente *nos trilhos*, em direção à meta global.

CAPÍTULO 10

7° Passo: ENCORAJAMENTO DO DESENVOLVIMENTO DO CLIENTE

> Não tenho nenhuma coragem, mas procedo como se a tivesse, o que talvez venha dar ao mesmo.
> Gustave Flaubert

Este é um passo altamente importante. O principal objetivo é apoiar o cliente para que ele se mantenha na direção da sua meta após a conclusão do processo de coaching.

O coach exerce o papel de encorajador, promovendo o desenvolvimento do cliente durante o intervalo das sessões.

Encorajar *momentum* é considerado uma parte crucial do processo de coaching até que o novo comportamento do cliente se torne sua nova realidade. Clientes que estão no processo de transformar seu comportamento operacional precisam de encorajamento e reforço.

Também é importante reforçar até mesmo os menores passos, uma vez que ajuda a construir e manter o seu progresso e aumentar o nível de confiança do cliente.

Os pequenos passos dados pelo cliente contribuem para criar massa crítica no sentido de manifestar sua meta. Mudança sustentável é mais fácil de alcançar com reforço contínuo e encorajamento.

Por mais óbvio que possa parecer o encorajamento de clientes para seguirem em frente, muitos coaches não o fazem no relacionamento de coaching ou não o fazem consistentemente.

Um estudo da *Lore Internacional* constatou que cerca de 40% dos clientes responderam em sua pesquisa que seu coach não verificou, depois de cada sessão, se eles estavam tendo o progresso desejado.

Objetivos

- Apoiar o cliente a manter-se no caminho.
- Validar as ações positivas e os resultados.
- Assegurar que as metas do programa de coaching foram alcançadas.
- Regularmente rever e atualizar o estágio do progresso.

Coaches eficazes prestam atenção na importância do acompanhamento consistente. Todos sabemos da dificuldade de seguir uma nova meta de maneira focada, com todos os outros desafios do dia a dia da vida. No entanto, para ser eficaz, o coach deve ser capaz de apoiar o cliente na direção de sua meta, designando uma forma de solicitar e receber atualizações.

Usando as muitas ferramentas que a tecnologia oferece, os coaches podem fazer acompanhamento através de telefone, e-mail e/ou correio comum, fax, bem como em reuniões com o cliente. Como regra, quanto maior ou mais crítica for a mudança comportamental, mais frequente a necessidade de encorajamento.

Abordagens

- Demonstrar interesse contínuo no desenvolvimento do cliente.
- Organizar a verificação de atividades entre as sessões de coaching.
- Afirmar as ações positivas e os resultados.
- Saber quando terminar o relacionamento e tomar medidas durante o programa de coaching para evitar dependência.

Dicas

Encorajar os clientes a manterem-se com seu novo comportamento por 21 dias.

- A experiência mostra que são necessários 21 dias de prática consistente para mudar e criar um hábito.

- Mantendo este padrão por 21 dias o cliente tem mais chances de manter o novo comportamento.

Identificar e encorajar maneiras para fazer com que o cliente entre em ação e experimente novos comportamentos.

Sempre existem áreas que são mais desafiantes para experimentar novos comportamentos, tais como em uma reunião ou uma apresentação importante.

- Outros ambientes podem ser menos desafiantes. Assim sendo, mais fáceis de experimentar – com a família ou em um círculo de amigos, por exemplo.

- Todavia, é mais crítico que o cliente comece a dar o primeiro passo, experimentar algo novo e, então, criar um ponto de referência para novo comportamento.

CAPÍTULO 11

8º Passo: Avaliando e Preparando a Prática de Coaching

O caráter é o produto da série de atos dos quais se é o princípio.
Aristóteles

AUTOAVALIAÇÃO

É recomendável que se faça um levantamento dos seguintes aspectos relativos à sua área de atuação:

1. Perfil das pessoas com as quais você pretende trabalhar:
   - Como elas são?
   - O que elas querem?
   - Quais são as condições em que se encontram?

2. Quais são os atributos especiais de sua prática de coaching?

3. Que benefícios específicos você pode oferecer aos seus clientes através de sua prática de coaching?

4. Qual é a mensagem básica que você compartilha com seus clientes de coaching?

5. O que torna seu trabalho de coaching irresistível?

6. Que serviços extras (*upgrades*) você oferece que não são proporcionados ou que são diferentes dos empregados pela maioria dos coaches?

NICHO

Vantagens em definir um nicho-alvo de coaching

A maioria dos coaches tenta tudo para todo mundo. Se você tentar tornar-se um expert em todas as coisas e para todos, vai acabar com poucos ou nenhum cliente! O passo crítico no desenvolvimento de uma prática bem-sucedida de coaching é dedicar tempo para definir com clareza seu mercado-alvo de coaching.

Algumas vantagens em definir seu nicho de mercado no coaching:

1. Os desafios de trabalhar com seu grupo de clientes ficam mais uniformes. À medida que você vai afunilando seu grupo, isto lhe permitirá focar em tornar-se um expert nas questões específicas daquele grupo-alvo, em vez de ser um generalista.

2. Você pode pesquisar mais facilmente seu grupo-alvo para aprender mais sobre o que ele precisa – e, depois, pode fazer um teste de mercado com seu *menu* de serviços de coaching, aferindo o interesse por seus serviços.

3. No seu marketing e nos seus materiais de apresentação, você pode procurar atrair, especificamente, o seu grupo-alvo, em vez de todo mundo, tornando-o mais atraente para seus clientes.

4. Seus materiais de comunicação, tais como *newsletter*, e-mail marketing, etc. podem ser direcionados com um conteúdo mais valioso para o seu mercado-alvo, em vez de um pouco útil a todo mundo.

5. Você pode descobrir os interesses do seu grupo-alvo de clientes, empregando mais foco em suas campanhas de marketing.

6. Como um expert e especialista em sua área-alvo, você terá muito mais credibilidade do que alguém que aparenta fazer tudo para todo mundo.

7. Você pode criar produtos específicos e serviços que tenham apelo para esse grupo, tais como formulários especiais para esses clientes, programas gravados em CDs, *e-books* e *e-reports* etc.

QUESTIONÁRIO PARA O CLIENTE DE COACHING

Você está pronto para coaching?

1. Eu estou pronto para investir tempo em mim.
   Sim ☐ Não ☐

2. Os meus exercícios de coaching farão parte da minha agenda.
   Sim ☐ Não ☐

3. Estou pronto para fazer o trabalho necessário.
   Sim ☐ Não ☐

4. Tenho objetivos a atingir que serão o meu foco em coaching.
   Sim ☐ Não ☐

5. Estou pronto para descartar comportamentos que limitam o meu sucesso.
   Sim ☐ Não ☐

6. Entendo que o foco do coaching é contribuir para que eu atinja minhas metas, diferentemente da terapia que foca em traumas emocionais.
   Sim ☐ Não ☐

7. Vou ter ação consistente para atingir meus objetivos, mesmo quando não tiver resultados imediatos.
   Sim ☐ Não ☐

8. Estou pronto para testar novos conceitos, mesmo não sabendo se eles vão funcionar.
   Sim ☐ Não ☐

9. Reconheço que existe um *gap* entre onde estou e onde eu quero chegar.
   Sim ☐ Não ☐

10. Estou pronto para trabalhar em colaboração com o meu coach para idealizar metas e planos de ação para mover-me adiante.

    Sim ☐   Não ☐

11. Estou pronto para criar o apoio que preciso para gerar mudanças em minha vida.

    Sim ☐   Não ☐

12. Reconheço que sou totalmente responsável por minha vida e pelas decisões que tomo.

    Sim ☐   Não ☐

Se você respondeu "Não" a qualquer pergunta, é importante discutir a questão com o coach antes de iniciar o processo e definir se coaching é a melhor abordagem neste momento.

CADASTRO DE CLIENTE – MODELO

Nome: _____
Identidade: _____
Endereço Residencial: _____
CPF: _____
Telefone Residencial: _____
E-Mail: _____
Profissão/Ocupação: _____
Data de Nascimento: _____
Empresa: _____
Telefone Comercial: _____
Motivo de Coaching: _____

Informações Pessoais (Opcional):
- Tipo de lazer.
- Hobbies.
- Esportes.
- Doenças.
- Filhos? Quantos? Idade.
- Relacionamento familiar.
- Faz/Fez terapia?
- O que mais lhe dá prazer?
- O que mais lhe irrita?
- Por que coaching?
- Descreva-se.
- Como você se vê no contexto familiar e profissional?

Formulários de Preparação para o Cliente

Sessão Pré-coaching

Investir algum tempo para pensar na preparação para nossa sessão de coaching apoiará você para otimizar nosso tempo juntos e impactará positivamente os benefícios e resultados que ganhará em nossa sessão de coaching.

Antes da sessão ou telefonema de coaching, dedique alguns momentos para responder às seguintes questões para o SEU próprio foco e direção.

1. Que ação(ões) eu realizei desde a última sessão de coaching?

2. Quais foram minhas conquistas e/ou desafios desde a última sessão?

3. Qual é a minha realidade atual, de como eu estou hoje, agora mesmo? Como foi a minha última semana?

4. O que eu quero conseguir ou realizar quando sair desta sessão de coaching? Qual é a natureza do meu foco?

5. Que progressos eu fiz em direção às minhas metas e/ou meu foco primário?

6. O que mais eu quero dizer ou discutir com meu coach durante esta sessão?

Sessão Pós-coaching

Investir tempo e atenção para orientar nossas sessões de coaching permitirá um imenso suporte para você, aprofundando suas experiências de aprendizagem e remetendo suas ações em direção a conseguir o que quer.

Esta valiosa recapitulação dos aprendizados, resultados e do que foi cumprido fora da sessão é para seu próprio uso – se você desejar usá-la. Não há quaisquer exigências ou expectativas de que enviará suas respostas para mim.

Após a sessão, dedique alguns momentos para responder às questões seguintes – isto servirá para sua própria referência e *follow-up*, no futuro.

1. O que eu descobri ou aprendi sobre mim mesmo(a), dentro ou fora da sessão de coach de hoje?

2. O que eu descobri sobre meu crescimento e desenvolvimento fora da sessão de coaching?

3. Quais são os benefícios de realizar as ações que eu me comprometi a fazer?

4. Qual será o custo da não realização destas ações?

5. Considerando o que eu quero e a realidade atual, o que eu observo? E o que eu quero fazer a respeito do que observei?

6. O que mais eu quero dizer ou discutir com meu coach durante a próxima sessão?

Exemplo de um Acordo Formal Coach & Cliente

(As cláusulas deste acordo são para fins ilustrativos).

Coach: _____

Cliente: _____

1. FINALIDADE:
A finalidade do coaching consiste em:
- Obter *insight* a respeito do cliente e suas situações.
- Ampliar a prática de coaching.
- Ser auxiliado na meta/questão.

2. ABRANGÊNCIA DO COACHING:
- Coaching _____ (ex.: vida, executivo, transcultural, de conflitos, de marketing pessoal etc.).

3. RESULTADOS MENSURÁVEIS:

4. DURAÇÃO DO COMPROMISSO DE COACHING:
- O compromisso de coaching está previsto para durar três meses.
- Este contrato inicia em _____ e termina em _____.

5. CLÁUSULA DE CANCELAMENTO:
- Este contrato pode ser cancelado por ambas as partes, por qualquer motivo, mediante uma notificação 30 dias antes do término.

6. REGRAS BÁSICAS:
- Iremos retornar as ligações telefônicas e as mensagens por correio de voz em 24 horas e as comunicações por e-mails, em 48 horas.
- Prometemos uma comunicação aberta e honesta entre nós.
- A confidencialidade está incluída em nossas cláusulas contratuais e os resultados pretendidos.

Luiz Augusto Paiva • Jairo Mancilha • John Richards

7. **ACERTOS FINANCEIROS:**
   – O cliente _____ concorda em pagar ao coach _____ por serviços de coaching, a quantia de R$ _____,00 por sessão de duração de _____ (1 hora cada), durante os 3 meses do período do contrato.

8. **LIMITAÇÕES:**

9. **EXPECTATIVAS:**
   – Ajudar o cliente _____ a se dedicar e a se entusiasmar no cumprimento de seus objetivos/metas
   _____.

10. **FREQUÊNCIA:**
    – As sessões de coaching serão quinzenais ou semanais, normalmente às _____ (dia da semana), das _____ até as _____ horas e, via de regra, conduzidas presencialmente ou por telefone.
    – As sessões de coaching normalmente terão uma hora de duração. Caso surja a necessidade de sessão mais demorada, incluindo encontros pessoais, elas serão objeto de acerto.

11. **CONCORDO COM OS TERMOS E CONDIÇÕES ACIMA E COMPROMETO-ME A CUMPRI-LOS**
    Data: ____/____/____.
    Ass. coach:
    _____

    Ass. cliente:
    _____

REFERÊNCIAS BIBLIOGRÁFICAS

BACON, T. e K. Spear (2003). *Adaptive Coaching: The Art and Practice of a Client-Centered Approach to Performance Improvement*. Mountain View, Calif.: Davies-Black Publishing, 2003.

BAILYN, L. e FLETCHER, J. K. *et al.*(1997). "Unexpected Connections: Considering Employees' Personal Lives Can Revitalize your Business." *Sloan Management Review* 38(4):11-19, 1997.

BOLCH, M. (2001). "Proactive Coaching". *Training* 38(5): 58-66, 2001.

BROOKFIELD, S. (1990). *The Skillful Teacher: On Technique, Trust, and Responsiveness in the Classroom*. San Francisco: Jossey-Bass, 1990.

BUCKINGHAM, M. e COFFMAN, C. (1999). *First, Break All the Rules: What the World's Greatest Managers Do Differently*. New York: Simon & Schuster, 1999.

DALOZ, L. A. *Mentor: Guiding the Journey of Adult Learners*. San Francisco: Jossey-Bass, 1999.

DAMASIO, A. R. *The Feeling of What Happens: Body and Emotion in the Making of Consciousness*. New York: Harcourt, 1999.

EDEN. D. "Leadership and Expectations: Pygmalion Effects and Other Self-Fulfilling Prophecies in Organizations". *Leadership Quarterly*, 3:271-305, 1992.

EDEN, D. e SHANI, A. B. "Pygmalion Goes to Boot Camp". *Journal of Applied Psychology*, 67:194-199, 1982.

GOLEMAN. D. *Emotional Intelligence*. New York: Bantam Books, 1997.

LIVINGSTON, J. S. "Pygmalion in Management". *Harvard Business Review* 47(4):81-89, 1969.

LUTHANS, F. e PETERSON, S. J. "360-Degree Feedback with Systematic Coaching: Empirical Analysis Suggests a Winning Combination". *Human Resource Management,* 42(3):243, 2003.

MANZONI, J. F. e BARSOUX, J. L. "The Set-Up-to-Fail Syndrome". *Harvard Business Review*: 101-113, 1998.

RIDER, L. "Coaching as a Strategic Intervention". *Industrial and Commercial Training,* 34(6/7): 233-237, 2002.

ROSENTHAL, R. e JACOBSON, L. *Pygmalion in the Classroom: Teacher Expectations and Pupil's Intellectual Development.* New York: Holt, Rinehart & Winston, 1968.

THACH, E. C. "The Impact of Executive Coaching and 360 Feedback on Leadership Effectiveness". *Leadership & Organization Development Journal,* 23(3/4):205, 2002.

WALES, S. "Why Coaching?" *Journal of Change Management* 3(3):275, 2003.

WASYLYSHYNM, K. M. e GRONSKY, B. "Program Commissioned by Rohm and Haas Company". *Human Resource Planning,* 27(4):7, 2005.

WHITMORE, J. (2006). *Coaching para Performance – Aprimorando Pessoas, Desempenhos e Resultados.* Qualitymark Editora, 2006.

WILSON, C. "Coaching and Coach Training in the Workplace". *Industrial and Commercial Training,* 36(2/3):96, 2004.

WINNICOTT, D. W. *The Maturational Process and the Facilitating Environment.* New York: International University Press, 1965.

Outros Títulos Sugeridos

O Líder-Coach
Líderes Criando Líderes

Rhandy Di Stéfano

ISBN.: 9788573035978
Nº de páginas: 176
7ª Reimpressão

Nesta obra, o autor apresenta, em linguagem acessível, conceitos práticos para as dúvidas de líderes que desejam desenvolver equipes de alta performance, independente do tamanho do grupo. O objetivo do livro é ser um estimulador de ideias e conceitos, proporcionando ao novo líder mais coragem, ousadia e ferramentas para entender o que está por trás do processo de coaching.

Outros Títulos Sugeridos

COACHING PRÁTICO
O CAMINHO PARA O SUCESSO

Paul Campbell e
Monique Cosendey

ISBN.: 9788573037241

Nº de páginas: 144

2ª Reimpressão

O livro apresenta uma metodologia sólida e conselhos decisivos. Os textos espelham anos de vivência em consultoria e coaching. E, certamente, servirão não apenas para desenvolver a capacitação de coaches em fase de crescimento, mas também para promover a reflexão de profissionais mais experientes.

O leitor se beneficiará de várias maneiras: conhecerá um modelo completo e prático de coaching, tomará conhecimento de situações e casos reais, terá acesso a orientações e dicas comprovadas, terá à sua disposição formulários e templates que ajudam a fixar a metodologia e a desenvolver o trabalho, e enriquecerá a eficácia de seu trabalho profissional. O conteúdo desta obra espelha técnicas comprovadas e testadas que fizeram transformações marcantes na vida de centenas de pessoas. O leitor é convidado a aproveitar plenamente o livro, no sentido de buscar sua própria realização profissional, bem como de proporcionar a seus clientes a realização de seus sonhos.

A obra baseia-se no modelo intitulado PBC (*Project Based Coaching*), que facilita a navegação a navegação pelo processo de coaching, tanto para o coach como para o cliente.

O livro é indicado para executivos de empresas, profissionais de Recursos Humanos, profissionais de gerenciamento de projetos, coaches profissionais, coaches iniciantes e os indivíduos em busca do "autocoaching".

O conteúdo desta obra espelha técnicas comprovadas e testadas que fizeram transformações marcantes nas vidas de centenas de pessoas. Trata-se de um trabalho que, assim como um bom coach, motiva, alerta sobre obstáculos e mostra caminhos. Um livro inovador, prático, didádico e holístico.

Outros Títulos Sugeridos

COACHING
DESENVOLVENDO EXCELÊNCIA PESSOAL E PROFISSIONAL
James Flaherty

ISBN.: 9788573039108
Nº de páginas: 280

No livro *Coaching – Desenvolvendo Excelência Pessoal e Profissional*, James Flaherty destrincha esse "processo de treinamento e acompanhamento" por meio de modelos diferenciados e úteis para aqueles que buscam o acesso a novos territórios. Ao contrário de outros especialistas no assunto, o autor fixa sua análise no ser humano, em seu modo de reinventar a linguagem e suas distinções. Por meio de um texto deliberadamente simples e direto, James Flaherty expõem os principais fundamentos, modelos de avaliação e aplicações do coaching. Contudo, seu toque especial está no complemento desses elementos pela adição de uma ampla gama de tradições.

Outros Títulos Sugeridos

COACHING
A ARTE DE SOPRAR BRASAS
Leonardo Wolk

ISBN.: 9788573037449

Nº de páginas: 216

Este livro propõe uma forma pessoal de entender o coaching em uma síntese integradora. A obra enfatiza que para crescer, mudar e transformar é necessário revisar sistemas de crenças e modelos mentais. A leitura do livro será de grande apoio para quem lida com pessoas, não só como coach, mas também como líder, gerente e terapeuta. Quem está buscando crescimento e desenvolvimento pessoal também se beneficiará do livro.

Este livro é dirigido a quem quer aprofundar o conhecimento desta disciplina, que agrega ferramentas poderosas para o desenvolvimento pessoal e organizacional. No mundo das organizações para um novo século, a figura do chefe/gerente está mudando para a do líder/facilitador e o coaching se constitui em uma poderosa ferramenta para gerir um mundo diferente.

QUALITYMARK EDITORA

Entre em sintonia com o mundo

Quality Phone:
0800-0263311
ligação gratuita

Qualitymark Editora
Rua Teixeira Júnior, 441 - São Cristovão
20921-405 - Rio de Janeiro - RJ
Tel.: (21) 3295-9800
Fax: (21) 3295-9824
www.qualitymark.com.br
e-mail: quality@qualitymark.com.br

Dados Técnicos:

• Formato:	16 x 23 cm
• Mancha:	12 x 19 cm
• Fonte:	Humanst 777 BT
• Fonte:	New Century Schollbook
• Corpo:	11
• Entrelinha:	13,2
• Total de Páginas:	152
• 1ª Edição:	2011
• 2ª Reimpressão:	2014